とにかく
書きはじめること！
書き続けること！

家庭でできる10分作文

国語作文教育研究所所長
宮川俊彦

小学館

はじめに

　BS朝日で毎週土曜日に『**日本語のススメ〜ミヤガワ表現道場**』という番組をやっていました。ある回に、スタジオで生で「**10分作文**」をやってみました。私の教え子でタレントの長澤瞳ちゃんがアシスタントとして来てくれて、なんと30分番組の中で2作品を書き上げました。

　実際には「10分作文」を2回やったのですが、長澤瞳ちゃんはそのとき「10分作文」は初めてだったと思うのだけれど、打ち合わせもなくやってくれました。

　一回目は2枚書き上げました。それをコピーして大きくしたりしているうちに、時間があるからもう一回やってみるかということに。今度は前より濃厚な作文を3枚、見事に書きあげたのです。それを見ていた全国の視聴者から電話やメールが殺到して、「びっくりした」とか、「何で出来るんですか」とか、「やらせじゃないか」とか大きな反響がありました。

　もちろん、やらせではありません。正真正銘、カメラの前で書いたものです。

　当時、私が教えていた大学とか専門学校でも、「10分作文とは面白い、うちの学校でも是非やってもらえないか」、ということになってやってみました。18歳から20歳くらいの学生たちは、最初は嫌がるふうを見せますが、「よういドン！」と言うと、一斉に真剣になって書き始めます。

「はい、時間です。やめて」と言うと、「えーっ、もっと書きたい」となります。

「じゃあ、手をぶらぶらさせよう」とか、少しおしゃべりでリラックスして、

「さあ、もう一回行くぞ」というと、すでにやるぞという態勢ができていて、さらに集中して書き始めます。

　また、小中学生や幼稚園の子どもたちも、「10分作文」をやってみると、自分が書けたことに自分自身が驚いています。幼稚園の子でも10分で2枚目までいきます。本人も喜びますし、お母さんも「とっちゃまんマジックにかかったの？」と驚きます。

はじめに

言葉の教育だけは、早期教育の重要性が確かにあります。押し込める教育ではなくて、**引っ張り出す教育**というのが重要です。

誤解して欲しくないのは、私は単に時間を区切って早書きで書くのが作文の勉強だと言っているのではありません。1時間2時間かかっても作文が書けないとか、2行3行書いても先に進んでいかないとか、そういう部分で作文を嫌いになっていく子どもが、実は多いのです。そういう子どもたちに、こんな方法もあるよと、作文嫌いな子どもたちに対する一つの処方箋としても、提案したいのです。

時間もたっぷりあるし、自由に書いていいというやり方ももちろんあります。しかし逆に、10分しかないぞとか、5分しかないぞというのがあっても良いと思います。これも有力な作文の指導法・訓練法です。「10分作文」でまず、自分の心の中をはき出していく**「表出」**というものの回路を開拓していくことです。これは表現として形にする前の段階です。自分の内側に眠っている言葉を引っ張り出してくる訓練でもあります。

「10分作文」の深い狙いは、きちんとした表現をしなければいけないと思って書けなくなってしまう人間が、「表出でいいんだ」ということで楽に書けるようになり、自分を表出することの爽快感を味わうことが出来るようになるということです。実は、これ自体がカウンセリングの効果があります。

文章療法、自己表現療法、作文療法とか名付けても良いのかもしれません。レターカウンセラーをやっていた私の経験から言っても、我々が考えている以上に、作文の持っている効用は大きいのです。そういう意味で、**作文は生きるために必要**なものなのです。

すでに多くの方々から反響が寄せられている、この「10分作文」の秘伝を、今回この本で紹介しようと思います。ぜひお子さんと一緒にやってみて下さい。

国語作文教育研究所所長
宮川俊彦

目次

目次

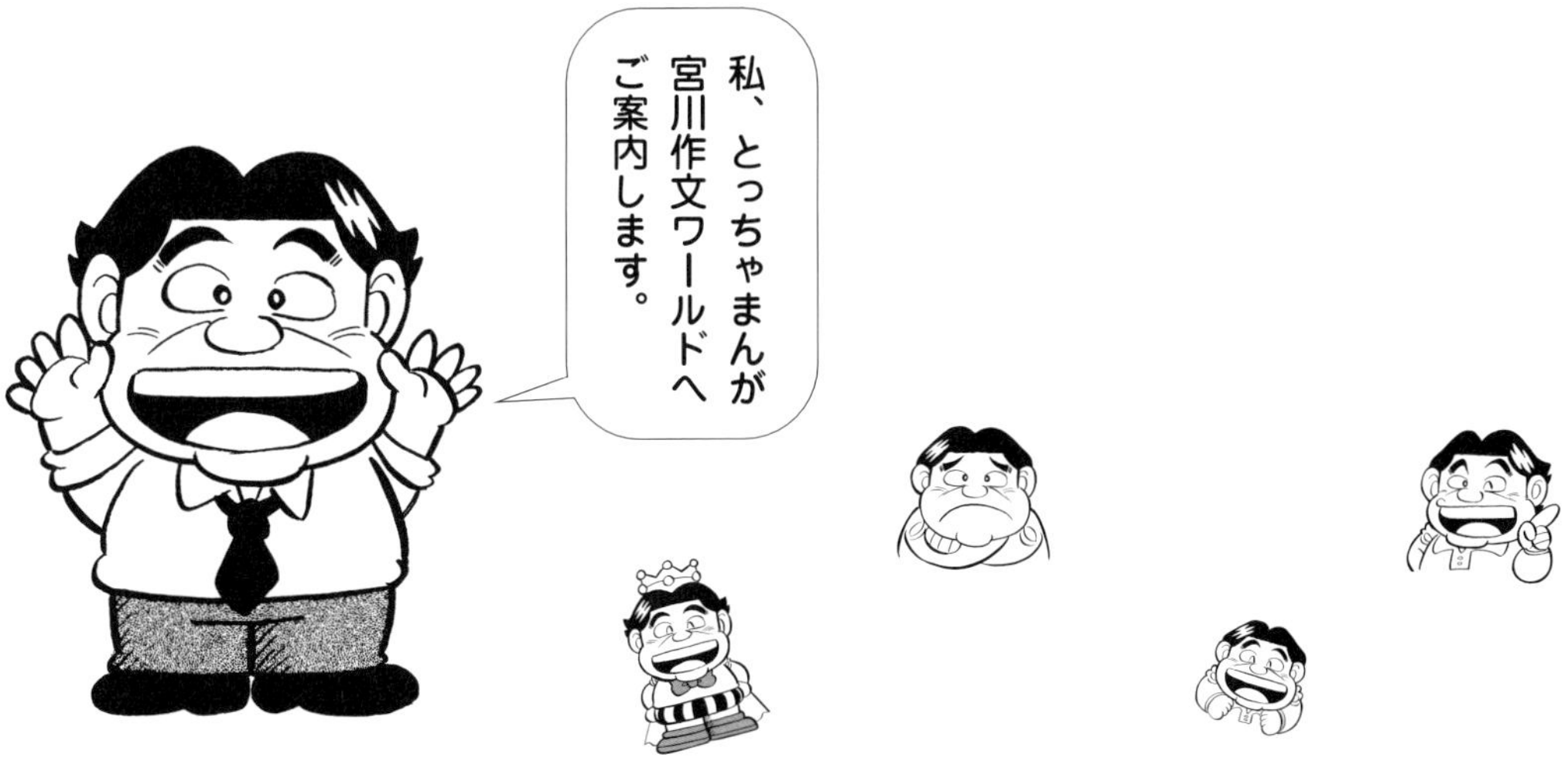

私、とっちゃまんが
宮川作文ワールドへ
ご案内します。

目次

第1章

10分で作文開眼

10分作文を家庭でやってみよう

「えーっ、10分で作文書いちゃうの？」「いやいや書けちゃうの⁉」

「10分作文」というと、きっとそんな疑問を持ってしまうでしょうね。

誤解のないように断っておきます。

私の推進してきた作文・表現教育は、別に時間がどうの、書き方がどうの、ということにこだわってきたのではありません。それよりも「作文って面白いよね」とか、書けることの楽しさや、自分なりに表現したり、自分の意見を形にしていくことの醍醐味を味わわせていくことこそ大事だと思ってきました。

もちろん基本である言葉・読解・思索などを磨くことは前提です。

だから正直に言えば、「10分で作文を書く」ということを目標にしたわけでも、それが行き着く先だということでもありません。

つまりは、一つの学習のテクニックとして「10分作文」を自分のゼミで活用していったら、これが思いのほか子どもたちへの影響が大きく、それこそ、作文嫌いとか、定式に行き詰まっていた子たちが蘇生していったのです。

そこには、今日の子どもたちの意識や教育環境が背景になっているということも見逃してはならないと思います。

社会全体もそうですが、システム的な思考とスケジュールのなかに今の子どもたちはいます。しかも、達成感や結果を気にしていく環境の中におかれています。また、中身は二の次で「とにかく書ければいいのよ」、というような考えの親も少なくありません。

1日考えて、たった1行書いたとしても、私はむしろ、それをほめていく姿勢です。しかし、それはなかなか一般的には受け入れられません。書くことの苦痛や、考えを凝縮していく苦労を乗り越えてほしいのですが、今日では、そういう種類の学習は嫌われやすくなっています。

今の時代は、やればやっただけ成果が目に見えていくことが本人にも周囲にも達成感として受け入れやすいということです。やったら成績や成果が上がって、やらなければ下がるという単純さの中に、今日の大半の学習は位置付けられているように思います。

私の考えではそれは浅薄だとしか言えないのですが、しかし教育は、常にその時代と大方の意識を捉えて、それに対応しながら本質に高めていく努力をしていかなくてはなりません。

この本は、「10分作文」に的を絞ります。これは私のゼミでのドラマですし、多くの子たちが刺激的に作文を学習し、興奮していきました。そして、一気に作文嫌いとか、書けないという状態を打開していきました。

そのことを通じて、今の子たちが、この先の生き方や学ぶことの集約としての作文の意義に開眼していくことになります。

私のゼミでのライブ感覚が子どもたちをその気にさせていくのであって、家庭でやることは難しい、とよく言われます。もちろん、教師の雰囲気や教室の空間力はなによりも教育の作用としては大きなものです。

しかし思うのですが、ならば逆に、親が家庭で教師になって、その力を磨き発揮していくことさえできれば、今日の憂慮すべき教育の環境は変わっていくように思えるのです。

私でなくても、必ず家庭でやれるはずです。

そんなことを目的としてこの本を書いてみました。

10分作文とは何か？

10分で子どもたちには原稿用紙2枚、つまり800字程度を書いてもらうことになります。

まさしく、困っている子には朗報です。

それを1時間で3題やります。はじめは1枚行くか行かない子でも、3題目にはもう3枚や4枚行く子も出てきます。

もちろんちょっとしたテクニックもあれば、まっとうな方法論もそこにはあります。乗せ方も演出もあります。

それは、この本の中でじっくりとご紹介していくとして、つまりは1日10分間、食事前でも、寝る前でもいいです。原稿用紙2、3枚を毎日書いていくということを習慣付けることが大事なのです。

言葉は知識ですから、歴史も理科も数学も生活体験も、あらゆることが作文の素材となります。

そして、作文を書くということは、学校で学んできた知識としての言葉、生きてきた自分の経験を言葉を使って、自分がそれをどう捉えたか、どう考えたか、どう思っているかを語っていく作業であり、あらゆる学ぶ力を総合した結晶です。

つまり、**作文はすべての学力の集約**であり、収斂《しゅうれん》であり、消化であり、昇華です。

科学者も研究成果を論文にしていくしかないし、良い製品も文章表現を抜きにしてはその商品価値を示していけません。

人はまだ、言葉と文章表現に依存して、社会生活を送っているということです。その日に学習したり覚えたことも、文章表現にしていくことで定着するということにもなります。

「10分作文」を毎日やるという習慣は、実はすさまじい成果をもたらします。

例えば、家族で旅行に行ったとします。そこでも、寝る前に子どもにテーマをあたえて、10分間で書いてもらいます。いつでもどこでも、あるいは新幹線の中でも、書くことはできます。

これはかつての「そろばん」と同じ性質の学習法になります。

つまり「訓練」です。「トレーニング」です。

それによって、自然に原稿用紙の2、3枚は何でもなくなっていきます。

10分作文で書く自信をつける

私は、小学館の主催している「ドラえもん大賞」という作文コンクールの審査に関わっています。上位作品の水準は大人顔負けですが、大半は書くこと自体にも、考えること自体にも慣れていないという印象があります。

たまに学校で行事作文を書いたり、優等生的な正解作文を書いたり、先生がほめるような作文を書くということが定式化してしまっていて、なかなか自分なりの意見や考えや、感覚で書くことにためらいがあるようです。

言いたいことがあるのに、思うように文になっていかないとか、自制しているとか、決まり切った表現で味もそっけもないとか、もっと深刻な状態では、書きたいことや書くべきことが見つからないとか、意見がないとか……。それが、実は子どもたちの現状です。

それでも、学校などでは時間内に精一杯書く。宿題で何時間もウンウンとうなる。それが評価につながり、あるいは点をつけられたりする。「そこで点を打ちましょう」「漢字にしなさい」「書き直しなさい」など、親からの言葉の刃が突き刺さる。これでは嫌になっていくでしょう。

書くことは「自信」です。「本当に思ったことを書いていいの？」という質問をしてくる子だって少なくないのです。考えてみればおかしなことですね。

「ぼくは書ける」「思ったことを堂々と書いていいんだ」「叱られないんだ」

そんな場があるというだけで、どれだけの子がほっとして自分を語っていったでしょうか。

それだけデリケートなジャンルでもあるのです。

だから、「自信」なのです。そして、それを確信にしていくことです。それによって作文は一気に発揚していくものです。

すべてのことが課題になる

作文を書くときに、ちょっと工夫をしてみようというのがこの本の趣旨になります。

私がゼミで提示している課題は、社会現象、哲学の問題、古典、写真、絵画など、もちろん**「森羅万象すべてが課題」**です。

また、私が30年間取り組んできた民話や寓話の「宮川式深耕読解」や「多元読解」は、すでに他の著書を読んでご存じの方も多いと思います。

「10分作文」の場合は、それとは次元を異にします。

例えば課題の設定については、「目」とか「さくら」とか「しょうゆ」とか「捨てる」とか、単純なものを多く選びます。

その方が書くための連想・着想・発想の「想」の領域が拡大していくからです。また課題の求めているものが漠然としていたほうが、コツをつかむと書きやすくなります。自由の幅が広がるということです。

子どもたちは、質問と回答という作用反作用に慣れていますから、どうしても課題を質問と考えていきます。そして答えを書くことが作文であると勘違いしていることがあります。今の学校教育の影響がそこに表れています。

そうではなくて、自分で素材を選び、知識を消化し、展開を工夫していき、なんらかの意見などを導いていく力を身につけていくことが重要です。その訓練こそ、あらゆる学力の集約としての作文学習の眼目になっていきます。

時間を制限することが大事

これは不思議なことでもあり、現代の子にとっては必然なのかもしれませんが、時間設定をしていくということに、**一種のゲーム感覚**が生まれていきます。

そして早く書き、早く進め、という「早く早く」を幼少時から親にいわれてきたことが、なにやら洗脳のように習慣付けられていますから、後ろから押される気持ちになります。

これがむしろ効果があると、私は思います。

本当のことをいえば時間制約はいらないというべきでしょう。

しかしそれは理念であり、優等生的な正解です。それだけではいけません。相手に対応して、より現実的に目的に向けていくということが配慮されないと、「絵に描いた餅」のままになります。

相手の現実レベルを知って、それと目線を同じにしつつも、刺激してそこから引き上げていくのが私の手法です。

「10分作文」をやると、ちょうど**締切り前の作家**のように焦るわけです。「あと何分！」と追い討ちをかけます。でも期待されながら急がされると、時間制約の中での思考に拍車が掛かります。そして時計を見るよりも、原稿用紙に目が固定されて、一気に書き進むようになります。

自然に筆の運びが早くなります。そして今まで書いては消していた子たちが、**消しゴムを忘れて**、原稿用紙を思考と表現の耕運機で掘り進んでいくような印象になります。

10分あれば充分。800字は完全にクリアしていきます。

内容が雑になると思いますか？

とんでもない。1時間、2時間かけてフーフーいって書いたものと遜色ないばかりか、濃密で、凝縮していて、広がりも出てきます。内容も深まっています。

なぜでしょうか？

それは、この本の中から読み取ってみてください。

10分で作文開眼。

「10分作文」のノウハウを、今回は紙上で公開します。

作文・表現学習の一つの方法として、ぜひお子さんにやらせてみてください。

第2章 家庭で10分作文をやるコツ

―初心者編―

10分作文を習慣化する

毎日1題、時間を決めて書かせる

今回取り上げた「10分作文」の授業では、3題連続して作文を書かせていますが、家庭でやる場合には、毎日1題で充分です。

例えば、家庭ではこんなふうにやってみましょう。

まず、毎日時間を決めて、10分で1題だけやります。あまり書けなくても、それはそれでいいでしょう。

その日は終了。ぐたぐたと説教や小言などを言って、あとを引かないことです。

途中だろうが、書けなかろうが、「やめよ」で終わっていいのです。

あとは、次の日に回していく。子どもがぜひにと言っても明日に回す。書き続けたいと言ったら「あっそう。じゃ頑張って」と、自分は席を離れてもいい。

10分で書くということが目的なのですから。

自然に何日かやっていくと、だんだん習慣化し、書く前の姿勢が出来上がっていきます。気分とかノリがないと、表現はなかなか難しいものです。机に向かって、目の前のプリントをやるのとはわけが違います。

ただ書き方を学んだり、書けばいいというものでもありません。そこにはデリケートな部分があるのです。

むしろ書き上がったとか、書き進められなかったということを自覚していくことの方に意味があります。

だから、1日1回、学校に行く前でも、あるいは帰ってきてからでもいいです。寝る前の10分でもいいです。時間を決めてやらせてみてください。

旅行に行ったとしても、この習慣はくずさないでください。旅の1日という普段と違うドラマを体験した後の寝る前の10分。これは効果的だといえます。

慣れないうちは、朝、題を与えておくということもできます。

遠足とか、運動会とかの特別な日には、当然、学校でも行事作文として書かされることになりますが、その練習にもなるわけです。

「ことだけ日記」で素材を絞り込む

「うちの子は日記が付けられなくて」などというケースでも、「10分作文」は抜群の効力を発揮していきます。

毎日の日記をつけるのは、書ける子にとってもなかなか苦痛な代物です。

だから、日記の習慣をつけていけば「何を書くのか」ということをまず絞り込んでいくことができるようになるし、実は何でも書く材料はあるのだということを体得していくことにもなります。

私はよく「ことだけ日記」という書き方を奨励しています。

これは「今日のめそめそ」とか「今日のプンプン」とか「今日の空」とか「今日の冷蔵庫の中」とか「今日のママの口紅」とか……。ある一つのことだけを書く。対象を一つのことに絞り込んでいって、それを素材にしていく、中心にしていくということです。何を書けばいいかということを、実践的に示していく方法です。

「パパの靴」であっても、「庭先の牡丹」であっても、「机の中」であってもいいのです。

このように、着眼点を絞って書かせると、書けるようになります。

「書くことがない」を克服

人は常に多くの状況と場面に囲まれています。また内面にも多くの場面や心情をいだいてます。書くことに事欠かないのは当然のことです。

そうでありながら「書くことがない」というのは、素材を絞りきれなかったり、特別なことを書かなくてはならないという思いの表れと考えていく必要があります。

自分がそれをどう見ているか、どう考えているか、あるいは、こんな考え方をしてみようという「思索や表現の幅」をどんどん広げていく訓練が、日常おろそかになっていることが原因だといえます。

学習だけでなく、生活の中でも、興味を広げたり深く思考していくような習慣や環境がないと思わずにはいられません。おそらくテレビ番組のお笑いに傾斜していったり、表現やコミュニケーションも表層的なものになっているのでしょう。また、親も含めての携帯電話への依存ということも要因かも知れません。そうした背景をじっくりと見極めなくてはならないと思います。

毎日、ワンテーマに書くことを絞って、10分集中して思考し表現していく。これが「書くことがない」ことへの、最も有効な解決策でしょう。

家庭でのチェックポイント

◆10分作文を習慣化するために

・毎日1題、時間を決めて書かせる
・旅行に行っても、この習慣をくずさない
・寝る前の10分に1日をふり返らせる
・朝、題を与えておくのもいい
・「ことだけ日記」で素材を絞り込む練習を
・生活の中で興味をひろげて「書くことがない」を克服

作文がスラスラ書ける8大テクニック

作文は、何でもテーマに選ぶことができます。今朝のご飯のことでも、今日お母さんが機嫌が悪かったことでもなんでもいい。身の回りを注目して見ていけば、書くことはいくらでもあります。

もっと広げれば、科学、実験、社会、スポーツ、どんな分野でもテーマにできるし、知っていること、考えたこと、やったことを書いていけます。全ての教科で勉強したことや、生活で体験したことを生かすことができます。

たくさんありすぎてまとまらない時は、一つのテーマにしぼりましょう。他のことはまた次の機会に書けばいいや、今回はこれだけ書いてみようと割り切ると、とても書きやすくなります。

テーマがしぼれたら、次にどんなふうに書き進めていったらいいのか、テクニックをお教えしましょう。

作文が書けるテクニックは、おおむね8つあります。この8つを身につければ、作文が苦もなく書けるようになること間違いなしです。

テクニック1
思い出し発想法

「書く内容」が、なかなか浮んでこないとき役に立つのが、「思い出し」のテクニック「思い出し発想法」です。いろいろな体験や思い出を、映画の画面みたいに、パッパッと思い出してみましょう。

「思い出したこと」から書き出せば、作文はとっても楽になります。ふだんから、パッパッと思い出すトレーニングをしておきましょう。

実践問題 1-1

次の質問に、パッパッと思い出して書いてみましょう。

運動会について

・運動会では、何の競技をやった？

・どのくらい練習した？

・騎馬戦《きばせん》（何でも好きな種目）では勝った？

・何が楽しかった（くやしかった）？

・お昼には何を食べた？

・どんなふうに疲《つか》れた？

さあ、書けたかな。じゃあ、もう1題やってみましょう。

実践問題 1-2

次の質問に、パッパッと思い出して書いてみましょう。

遠足について

・遠足の前の日の気持ちは？

・遠足の日の天気は？

・おやつは、何を買った？

・お昼は誰《だれ》と何を食べた？

・どんな所に行ったの？

・何を見て、どこがおもしろかった？

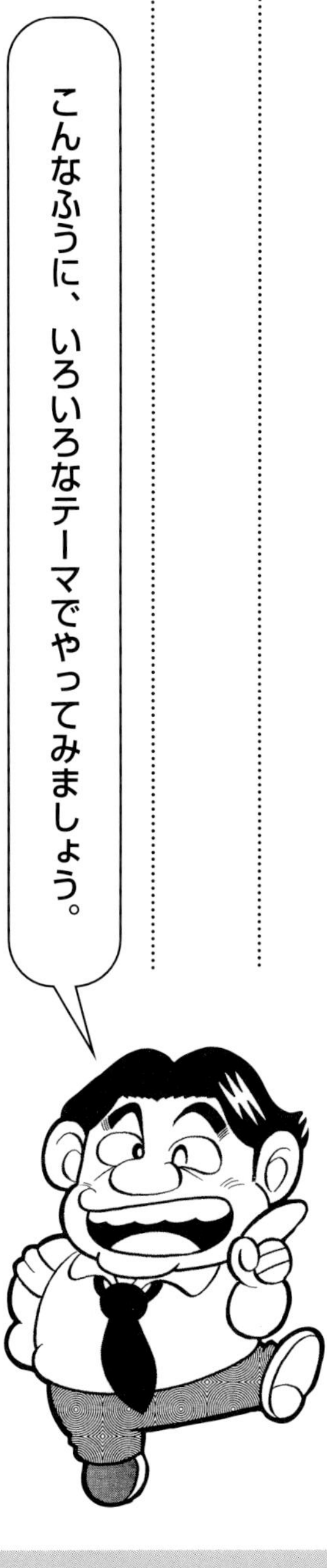
こんなふうに、いろいろなテーマでやってみましょう。

どんな課題にするか

題はなんでもいい

基本的には、題はなんでもいいのです。

どんな題を出すかは、ゲームとしての面白さもあります。

私はときに「ポチャポチャ」とか、「トントントン」とかを出すこともあります。

「まな板」「冷凍ごはん」など、ふとその辺を見回して目についたものを出すこともあります。

つまり、家庭の中のふだん見慣れているものや、聞き慣れている音でも良いのです。

これは一見ふざけているように見えるでしょうが、子どもたちは「えー」などと言いつつ妙に真剣に向かっていきます。

そういう面白さが見えてくると、親としても課題を出す楽しみが増えるというものです。

親自身が楽しんで課題を出すことが大事なのです。

まず目を向けさせることが大事

重要なのは「目を向けさせる」ということであって、「森羅万象」何事も「題」になっていくということを、もう一回確認してほしいと思います。

そのとき携帯電話に目がいったら、それでもいいのです。漠然としたものから、次第に具体的なものについて目を向けさせていくほうが面白いでしょう。「肉じゃが」とか「キノコ汁」とか「ズッキーニ」などというのもなかなかです。

ゼミの子たちは、私から毎回そういう試練を受けています。これに慣れてくると、少々のテーマなどなんともなくなっていきます。そして、気がつけば、どんなものでもテーマとして目を向けるようになっています。

それが本当は、作文の目的の一つでもありますし、効用でもあります。

作文は自己を開花・強化していく

「書けるようになる」ということは手段としてあるもので、これは究極の目的にはなりません。書けるようになることによって、自己の感性や思考や観点や問題意識を育成・発揚していくこと、自己そのものを開花・強化していくことが目的になっていきます。

作文が好きになり、得意になるというくらいの水準には、きっとそんなに時間をかけなくても到達できるでしょう。

問題はその後のこと。

作文教育のなかには、人の生き方や自己の形成・人格の淘汰といった教育の本来の目的が包括されているのです。

これを中途半端にしていると、ただの書き方上手と表現上手を作ってしまう誤った表現教育に向かっていきかねません。

本来の表現教育は、自己の内側からじっくりと醸成し続けなくてはなりません。

作文という、自己の見解やものの考え方や見方を拡大していく学習は、そういう質を持っているものだと知っておく必要があります。

世の中の事件や出来事について書く

課題は、世の中の事件や出来事であることも大切です。

これは意見として語りやすいし、対象が限定されているから書きやすいのです。

私のゼミでは、よく社会の事件などを扱いますが、これは親子でもいろんなことを話し合い考え合うきっかけになっていくと思います。親子で話し合うことは、子どもの思索を深めるのにとても大事なことです。

押し着せの解釈や、通り一遍の感情論でのくくりではなく、また新聞やテレビで言っているからというのではなく、自分や自分たちなりの解釈があると、これを考えてみよう、表現してみようという意欲につながっていきます。

人は語りたいことがあるときに語ろうとします。おしゃべりのためのおしゃべりというものは確かにありますが、中身は乏しいものです。

相手に合わせて波に乗ってしゃべるだけのものと、自分なりの考えを持って自覚的に語るのでは、表現の質も違ってくるのです。

自分なりの解釈で語れる段階になってくれば、「10分作文」はかなり充実していくことになります。

抽象的な題と具体的な題を交互にやる

題が漠然としていれば、書ける内容は広がりますが、書けない子にとっては書くことを決めづらくなる面もあります。

これは題によっても違うので、いくつか試していくことによって明らかになっていくことでもあります。

漠然あるいは抽象的な題と、細かい具体的な題を、交互にやっていくということも一つのテクニックです。

「夢」「春」という種類のものと、「新しい教科書」「パパの靴」といった種類のものとか、あるいはもっと具体的に「今朝のごはん」といったものまで、いろいろやってみるのもいいでしょう。

そういう取り合わせの妙を考えていくことも、提出者としては楽しいものになります。

ぜひ、お母さんがたも、楽しみながら知恵を絞ってやってみてください。

家庭でのチェックポイント

◆どんな課題にするか

・基本的に題はなんでもいい
・親自身が楽しんで課題を考える
・森羅万象に目を向けさせることが大事
・漠然としたものから、具体的なものに目を向けていく
・自己の感性・思考・問題意識を育成していくことが目的
・書けるようになることは手段であって目的ではない
・世の中の事件や出来事について書く
・課題をめぐって親子で話し合う
・抽象的な題と具体的な題を交互にやる

※4章●142〜144、157〜158ページも参考にしてください。

10分作文の三つのポイント

(1) 負荷を与えること

①10分という制約
②2枚を書くということの制約
③しかも課題が与えられているということ

この3点の負荷を与えることが重要です。

テーマも時間も分量も自由ではないということです。

作文の教育としては、これはむしろ従来の発想から言えば、邪道的な意味を持っているかもしれません。

強制と規制と追いかけるようなことをして文章表現は生まれるのか、と正面から言われれば、正論としてはそのとおりです。しかし、肝心なことは、子どもたちが乗って書くことのできる状況や場を作り出し、その方法を提示していくことです。これは何にも勝ることではないでしょうか。簡単に言えば、できないよりもできた方がいい。それがすべてであるわけではないけれど、一つの手法なのです。

(2) 指導者がいて、ついていること

放っておくのではなく、ずっと対面しているということです。

自分が見られて、自分が計測されているという認識と自覚を持たせること。

これは、書き手にぼんやりする時間的ゆとりを与えない。書くしかないという場を形成します。つまり逃げ場はなくなってしまう。考えようによってはひどい話ですが、これが妙に現代の子どもたちにとって快感になりえていくことも、理解しておかなくてはなりません。自分が中心にいていつも耳目を集めているという、一種のヒロイズムや昂揚感が、書くことへのプレッシャーにもなるけれど、拍車をかけることにもつながっていきます。家庭では、親御さんが良き指導者になってください。

(3) 書きあがる達成感が味わえること

小さな目標であっても、繰り返しやって達成感を味わうことで定着し、次の目標に向かっていくことにつながります。

それを味わわせることが本来の目標です。自信は与えられるものではなく、つかみ取っていくものです。これがトレーニングにおける主要点になります。

「10分作文」の大事な点は、この3点に凝縮されています。

テクニック2

重箱のスミ発想法

「書くことがなくなった」ときに役に立つのが「重箱のスミ発想法」です。

「重箱のスミを楊枝（ようじ）でほじくる」ということわざがありますが、これはスミからスミまで、またはごく細かい事まで、せんさくすることのたとえです。「重箱のスミ発想法」は、まさにその通り。重箱のスミをつつくように、どんどん細かいことを書いていくやり方です。しかし、しつこくつついていけば、書く材料がいっぱい出てくるものです。

たとえば、

「わたしは、おどりを習っています。おけいこ日は、お母さんに送ってもらいます。でも、冬の寒い日などは行きたくなくなって、休むこともあります。」

という文があります。

この文の重箱のスミをつついてみましょう。

・おどりって日本舞踊？
　↓日本舞踊ではなくてミュージカルに近いものです。
・おけいこは、週に何回あるの？
　↓週に1回、おけいこがあります。
・お母さんに送ってもらうのは車？
　↓お母さんが運転する車で送ってもらいます。
・休んだあと、どんな気持ちになる？
　↓休んだあとは、いつも、行けばよかったとくやみます。
・どのくらい長く続けているの？
　↓おどりを始めてから、もう3年になります。

さて、これらを書き加えてみると、

「わたしは、3年前からおどりを習っています。おどりといっても、日本舞踊ではなくてミュージカルに近いものです。週に1回のおけいこ日には、お母さんが運転する車で送ってもらいます。でも、冬の寒い日などは行きたくなくなって、休むこともあります。休んだあとは、いつも、行けばよかったとくやみます。」

というふうに、元の文をふくらませることができます。

こんなふうに「根ほり葉ほり問いただす」感じでつついていけば、どんどん書くことがわいてきます。

実践問題 2-1

つぎの文を自分に置き換えて、重箱のスミをつつくように、できるだけ細かいことを問いただして書いてみましょう。

「わたしは、教科の中で○○が一番好きです。なぜなら、○○だからです。だから授業は楽しくて仕方ありません。」

・教科が好きな理由を詳しく述べましょう。

・好きになったきっかけは？

・その教科のなかでも、特に得意な単元は何？

・先生の説明はわかりやすかった？

・将来、その教科を活かしていきたいという希望はある？

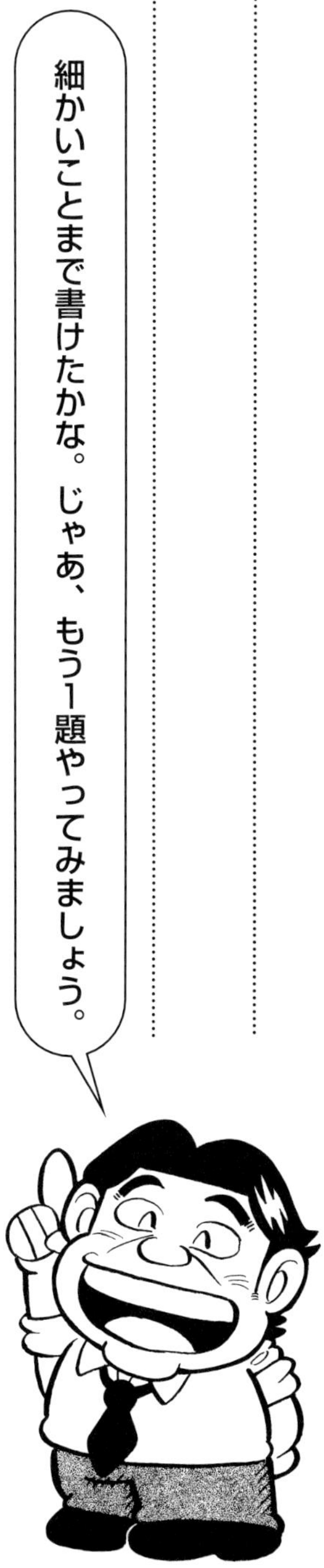
細かいことまで書けたかな。じゃあ、もう1題やってみましょう。

実践問題 2-2

つぎの文を自分に置き換えて、重箱のスミをつつくように、できるだけ細かいことを問いただして書いてみましょう。

「ぼくの先生は、背が○くて、○○です。動物にたとえると○○○に似ています。いつも○○○○していて、○○しいです。」

・先生の容姿はどんなかんじ？（背が高い・低い、細い・太い、かっこいい）

・何の動物に似てる？

・それは、どういうところが？

・先生の人柄は？（ニコニコ笑っていてやさしい、プンプンしていてこわい）

・あなたは、その先生のどんなところが好き？

重箱のスミをつついて、いろいろなテーマで書いてみましょう。

どう書かせていくか

せっぱ詰まったときの原稿がいい

いよいよ本題です。

どう書かせていくか、じっくりと語っていきましょう。

「10分で作文書ける？」「やってみようよ」

原稿用紙に向かう前に、子どもを乗せる言葉かけが必要だと思います。

「とっちゃまん先生の本買ってきたのよ。試して見よう」とか……。

また、私はよく子どもたちに、こういう話をします。

私は新聞や雑誌の連載を何本も抱えていますが、例えば、新聞などで「あと10分で原稿を送ってください」などと、編集者が泡を飛ばして電話をかけてくることがあります。私はこうみえても責任感だけは強いから、やっつけでなく10分以内にきちんと書き上げて送ります。

自分で言うのもなんですが、そういうせっぱ詰まったときの原稿というのは、なかなか出来がいいのです。相手がそう言います。一晩ウンウンうなってもだめなものはだめ。その気になって乗って書いたものほど、なぜか良い作品になっています。

10分でも5分でも、できるときはできる。

これは単行本などの長い文章を書くときにも言えます。乗っているときは、2~3日で200枚や300枚は書いてしまいます。5年かかって50枚いかない原稿もあります。

どういう方法が正しいかということではなく、書くということはそういうものだと私は体験として知りました。それを子どもたちにそのまま話しているだけのことです。

「だからね、こういう書き方もあるってことを知っていていいと思うぜ。クラスの連中が書き始めてもいないのに、もう2、3枚書き終わっているなんていうのは、想像するだけでも楽しいよな」と子どもたちをけしかけます。

意図的にではなく、本音として私は語っているから、子どもたちは乗ってくるし、はじめから「やってみようじゃん」という意気込みを持ちはじめます。

原稿用紙を2枚並べてイメージ作り

「原稿用紙を用意して」、このときに「2枚は書くぞ」ということは目標としておきます。

2枚を横に並べておくのもいい方法です。大きな構成がイメージできるからです。

時計を持って「よーいドン!」

子どもは少し考えて、そして、やおら、すらすら書いていき……。いや、実際にはそうではありません。なかなか書けないから、こういう本をお届けしているのです。

書けたとしたら、それはそれでほめてあげましょう。

書き上がったものにケチを付けてはいけません。それはそれで、史上初のその子にしか書けない作品なのです。愛情をもって保存しておいてください。代々の家宝になります。

捨てたり、粗雑に扱ったりしたら、これは文化と表現への冒涜《ぼうとく》です。

しかし、そう簡単には書けません。

書けないということを前提としてお話ししてみましょう。

書くことを発見していくのが作文の第一義

まず、題を「春」にしたとします。

「題は春よ」と告げると、「何を書きゃいいんだよ」「えーっ」と、決まって書けない子たちは言います。

ある意味で当然の反応です。「何を書きゃいいの？」、この質問は、決められたことをやっていくという姿勢の表れでもあります。

こちらの回答としては、「なんでもいいんだよ。書きたいことを自由に」。

この回答は、確かに正解であるのだけれど、実はそれだけでは無責任な発言です。

といって、「たとえばね、春らしいものを発見してみるとか……」と言ったとします。

すると、書けない子たちは、今度はそれに縛られます。そして「桜、新入生、たんぽぽ」などと断片的な場面や言葉を浮べます。

そういうふうに、親子で書くことを絞り込んでいくことも、一つの方法としてはいいでしょう。それで書ける子もいます。

ただ、何かもどかしいのです。おそらく、そういう子たちは、とんでもない発想などなかなか浮ばないだろうという予測があります。きっと決まりきった作文で「書けたよ」「書き上がったよ」になっていくでしょう。

こうしたやり方は、多分長続きしません。親の方がおっくうになっていきます。また、子どもの内実が変化してくるという可能性が乏しいように思えます。

「書くことを発見していく」ということが、作文の第一義であるということ。これを度外視しているからです。

「書かせていく」ことが目的ではありません。

「書くことを見つけていく」ことが肝心だということです。

それには親子の会話が肝心なのです。

「春かあ。何でも書けそうだけれど、けっこう絞りにくいよな」。

そんな会話から入るのもいいでしょう。

そして連想を広げたり、一つの場面について的をしぼっていくのもいいでしょう。

でも、これも「春についての作文」という定式に縛られることになりませんか。

たしかに題は「春」です。しかしもっと言ってしまえば「春について」書こうとは言っていません。

ところが、多くの子どもたちや、親や教師、あるいは受験問題でさえも、そのテーマを絶対化したうえで、思索や見解を述べるものであると思いこんでいます。

なんとも固定的な発想です。

日本は、伝統的に言葉や表現を自由に使いこなし、遊びにしていく文化があります。和歌や俳句などのような、独特の言葉と表現の文化を持っている、そんな国の子たちとしては、なんともせま苦しいものに感じられませんか。

「春」であって「春について」ではない

私の方法を教えましょうか。

題が「春」でも、「春について」である必要はない、と言い切ってしまいます。でないと、書き出しが「春は……」などといった、まったく陳腐なものになってしまうからです。これは作文としてはあまりかんばしくありません。別に、辞書的な説明を求めているのではないからです。

その「題」に対しての解答を求められているのではないのですから、基本的に内容は何を書いてもいいのです。私などは、どんな題を出されたとしても、そのように考えます。

自分の人生や、生きている現実の中で、考えたり関心を持ったりしていることをベースとして考えていくしかないのです。

これは基本の基本です。

無理をして背伸びをして、みんなが語っているようなことを語ろうとか、それらしいことを語っていこうとかすると、途端に、自分と表現が乖離《かいり》していきます。

そしてもっともらしく作り上げて化粧をほどこして、それで完成という感触を持ってしまいます。

例えば、こんなふうに書いてもいいのです。

「昨夜のギョーザはなかなかおいしかった」とまず書きます。

そのあとは、ふと浮んだことを書いていきます。

それが「春」になんの関係があるのか、と思われるはずです。実際私もそう思います。

しかし、それが浮んだ以上書いていくしかない。きっと私は、昨夜のギョーザの味やその中身やタレについての感想や、一緒に食べた人間とのいきさつや、なにほどかのうんちくを知っている範囲で書いていくし、疑問も提供していくでしょう。

そういう内容で少なくとも原稿用紙の1枚くらいは進んでいく。しかし書きながら私は何を考えているかというと、これをいかに妥当なフィニッシュにもっていくかということに専念しています。

先にも述べましたが、悪く言えばこれはこじつけです。もっともらしく終わってみたい。ホーと感心させたいという思いも少なからずあります。しかし書き進めていく内容は、もっぱらギョーザのたぐいや、最近の中華料理店の話題や、辛さになれてきている自分と、それを自虐的に求めている舌と胃袋を語るわけです。

そのへんから、ちょっと状況などに目を向けていって、最後に「それを思う春」というくらいに落して見ようか……と考えたりしています。

おわかりですね。

妙に「春にこだわることはない」ということなのです。どこかにそれらしいことが入っていればいいし、あるいは「今」が春ならば、それを考えている「春」だということでも、なんとか書いていくことはできます。

要は、要素を結びつけていくこと。題というのは、一つの基本ラインとしてあるというくらいに思っているくらいで、いいのではないでしょうか。

「まとめよう」と抑制しないこと

人間の思考というものは妙な完結性を持っていて、まとめようとか、これにこだわってみようとかしなくても、自然にそれを含んで思索していくことができるもののように思えます。

逆に、まとめて書くということだけを考えている子たちの文は、こじんまりとしてしまいます。冒険もありません。

まとめようとしなくても、着地点をどこにするかをきちんと考えている子たちは、とんでもない旅をしていったとしても、きっと最後には帰ってきます。そして、ふたたびまた旅立つあたりまで匂わせます。

無理に「まとめよう」と抑制をしていく必要は、初めからないのかもしれません。放っておいても人間の思考というものは、あらかじめ限定感があるのではないでしょうか。

だからこそ、それをむしろ打開していくということに、本当の表現や、思索の冒険や、練習があるのではないかと思います。私が30年間、作文を見続けてきて思うところは、そこです。

作文は解答を求めているのではない

はじめから論理的整合性のみを求めていくということは、かえって思考を抑圧していくことになりかねません。

人間の脳のなかでは、内的関連がずっと継続していくものなのです。題として「春」があるならば、私のようにまったく違うところから入ったとしても、頭のなかにはずっとそのテーマがこびりついて離れない。そういう構造があるので、きっと文を書き進めていくときの思索というものは、自然に起点と帰結点が関連づけられていくもののように思えるのです。

「春になると」「春発見」「春らしいもの」「春に関連して」というふうに、春を中心にして発想を広げていくことは一般的な方法だけれども、あえてそうではない方法もあるのだと私は言いたいと思います。

これは多くの子にとっては意表をつくものです。既成の考えを打ち壊されるものになります。その混乱からの刺激が肝心だと思います。

目的をもう一度確認し、テーマについて、テーマに添って書くということは、既に理解されていることとしてあります。だから、そうでないところから始めてもいいんだよと言いたいのです。

とらわれやしばりなしに、難なく書き進めていけるようになること、書き慣れていくことが目的です。テスト問題への解答を書くのではありません。

そうは言ってもなかなか難しいことです。

「わたしは春は好きです……」などという文になっていきがちです

「春になれば……ドジョッコだの、フナッコだの……」の歌のような光景を、次々に書いていくということにもなりがちです。書いてしまったなら、それはそれでそのまま見ているしかないでしょう。

しかし、そこから子どものタイプが見えてもくるし、次の指導法へのヒントも見えてくるものです。臨機応変に勝るマニュアルはありません。

家庭での
チェックポイント

◆どう書かせていくか

・せっぱ詰まったときの原稿は出来がいい
・子どもを乗せる言葉かけが必要
・原稿用紙を2枚並べてイメージ作り
・書き上がったものにケチをつけてはいけない
・子どもの作文は保存しておく
・「書くこと」を発見していくのが作文の第一義
・親子で、書くことをしぼり込んでいく
・題が「春」でも春について書く必要はない
・要素を結びつけていく
・「まとめよう」と抑制しないこと
・着地点をどこにするか考えておく
・作文は解答を求めているのではない

10分作文の効用

(1) 考える力をつける

なぜ私が「10分作文」をすすめるかということ、その効用についてお話ししましょう。

課題を与えて、「さあ書こう」と言っても、そうスラスラと書けるものではありません。そこには普段から培っている問題意識や意見や思考の継続性がなければならないことは明らかです。

しかし、これをはじめに指導者が語ってしまっては身もふたもありません。子どもたちに考える習慣がついていないのだから、これはつけていくしかありません。ただ、ここで勘違いされては困ることがあります。

学校や塾での正解を求める学習をきちんとしているから、考える習慣があると思ってもらっては困るのです。それは一つの型にはまった思索であって、多様多彩な思考方法を獲得したとは言い切れないからです。また、そうした幅広い思考法のすべてを学校や塾では教えてはくれません。

(2) 負荷と継続こそ力

子どもたちに負荷を与えるということは、「作文を書かなくてはならない」という一種の強迫感や、考える場や時間的制約を与えるものです。別に逃げてもいいし、しないからどうなるというものでもありません。

基本的には自由なのですが、やるべきことをしよう、してみたら面白いというゲーム感覚でやっていくことが大事。時間制限というプレッシャーがあっても、逆に集中力が増して早く書けるようになります。

それを継続していくことによって、確実に力がついていくことは明らかです。

継続こそ力です。漢字も、言葉も、算数も同じです。

「10分作文」を日々継続することが、問題意識や意見や思考を作っていくきっかけとなることは間違いないでしょう。

「10分作文」は、私の塾だけでなく、確実に家庭のなかで日々に定着していっていいものだと私は思います。そのなかには、日記も感想文も紀行文も、あらゆる文章が盛り込まれていきます。

「10分作文」は、きっかけ作りと、トレーニングの場であると思えばいいのです。

家庭で毎日やることが、さらに子どもの作文力を確実なものにしていきます。

作文がスラスラ書ける8大テクニック

テクニック3
五感発想法

「体験をいきいき表現したい」人に、ピッタリなテクニックを紹介しましょう。

目、耳、鼻、口、はだの5つで感じたことを書く、「五感発想法」です。

「五感」というのは、目で見る（視覚）、耳で聞く（聴覚）、鼻でにおいをかぐ（嗅覚）、口で味わう（味覚）、手（はだ）でさわる（触覚）、の5つの感覚のことをいいます。

人間はこの五感によって物事を感知します。そこに言葉が介在し、さらに思考が生まれていきます。

ヘレン・ケラーのエピソードを思い出せば、よくわかります。水道の蛇口からほとばしり出る水を感じて、「ウォーター」という言葉が彼女の中から発せられたのです。

言葉は五感の働きによって身につくものです。ですから、言葉を増やすには、五感を鍛えれ

目で、色や形を見る。
耳で、音を聞きとる。
鼻で、においをかぐ。
手(はだ)で、さわる。
口(した)で、味わう。

この「5つの感覚」で感じたことをそのまま書けば、イキイキした表現になります。

ばいいのです。

作文力の基礎を作るのは、言葉の力と五感の力です。

五感を使ってさまざまことを体験して、それを言葉に置き換えていくことが大事です。

毎日の生活の中で、感覚的な話題を中心に話を進めることから始めてください。

例えば「辛い」とか「くさい」だけでなく、「……のような味」「……みたいなにおい」とたとえることも、言葉を豊かにする方法の一つです。

「この色をほかの言葉に置き換えて言ってみましょう。」というのもいいです。

感じ方が無限にあるなら、それを表現する言葉も無限にあります。

五感で感知したことを言葉に置き換えるという訓練を徹底してやると、言葉が増え、感受性もみがかれます。

実践問題 3-1

次のイラストを見ながら場面を想像して、五感で感じた表現文例の□を埋めてみましょう。またこれを参考に、自分でもいろいろな表現を考えてみましょう。

（1）「目」を使ったイキイキ表現（目で見えた色や形を表現してみましょう）

紅葉の山は、□色、□色、□色、色とりどりでとてもきれいでした。

・そのほかに色で気づいたことは？

・ほかの季節と違う点はなに？

山の上には、□のような形の白い雲がうかんでいてました。

・ほかの形の雲はなかった？

・雲で連想したことを書いてみよう。

足もとには、［　　］色のドングリが落ちていました。

・ドングリはどんな形をしていた？

・ドングリを拾ったらどうする？

いつのまにか、夕日で雲が［　　］色に染まりました。

・夕日で山はどんな色に変わった？

・夕日を見て感じたことは？

色にも、赤や黄色のような原色だけではなくて、淡い色、にごった色など、いろいろな色がありますよね。ふだんから、色や形をさまざまに表現できるようにしておきましょう。

次のイラストを見ながら場面を想像して、五感で感じた表現文例の□を埋めてみましょう。またこれを参考に、自分でもいろいろな表現を考えてみましょう。

(2)「耳」を使ったイキイキ表現（耳で聞こえた音を擬音で表現してみましょう）

耳をすますと、□と小鳥のさえずる声が聞こえてきます。

・ほかの鳥ならどんなふうに鳴く？

・小鳥から連想するものを書いてみよう。

□と風が木の葉を揺らしています。

・風の強さで音はどんなふうに変わる？

・木の葉はどんなふうに落ちる？

□という渓流の音が下の方から響いてきます。

・流れの速さで音はどんなふうに変わる？

・渓流の景色を想像して書いてみよう。

ぼくたちが歩くと、落ち葉が□と鳴ります。

・走るとどんな音が出るかな？

・森では、ほかにどんな音が聞こえる？

音を表現するときは、「チッチッ」「サワサワ」「ザー」「サクサク」など擬音を使って表現するとリアル感が出ます。

実践問題 3-3

次のイラストを見ながら場面を想像して、五感で感じた表現文例の□を埋めてみましょう。またこれを参考に、自分でもいろいろな表現を考えてみましょう。

(3)「鼻」を使ったイキイキ表現（においを表現してみよう）

朝のお父さんのにおいは、□のにおい。

・なぜ、そのにおいがするのかな？

・朝のお母さんのにおいはどんなにおい？

夜は□のにおいがします。

・なぜ、そのにおいがするのかな？

・家族みんなのにおいを表現してみよう。

休みの日にキャッチボールしたあとは、［　　］のにおいかな。

・休みの日にほかに何をしてる？

・そのときのにおいは？

大きな背中から［　　］のにおいがしてきます。

・お父さんの好物は？

・それはどんなにおい？

においを表現するのは難しいけれど、「整髪料のにおい」「タバコのにおい」というだけではなくて、「ツンとするにおい」とか「すっぱいにおい」とか「気が遠くなるようないやなにおい」とかいろいろな表現を考えましょう。

実践問題 3-4

次のイラストを見ながら場面を想像して、五感で感じた表現文例の□を埋めてみましょう。またこれを参考に、自分でもいろいろな表現を考えてみましょう。

(4)「口」を使ったイキイキ表現（味を表現してみましょう）

今日のカレーは□な味をしている。

・どのくらいからかった？

・カレーの色はどんなだった？

一口食べたら、こめかみが□とした。

・汗が出るとか、変化はあった？

・舌はどんな感じだった？

のどの奥まで、□する味だ。

・水を飲んだらどうなった？

・からい食べ物はきらい？

食後に焼きリンゴを食べたら、□だった。

・焼きリンゴの味をほかの言葉で表現すると？

・カレーの味にあう食べ物はほかにある？

食べ物について書くのは良い練習になります。ふだんの食事のときから、どんな味か言葉にしてみるようにしましょう。「おいしい」「まずい」「あまい」「しょっぱい」だけでなく、「ひりひりする味」「まろやかな味」「スーッとする味」「つぶつぶした味」とか、自分だけの言葉で表現するといいですね。

実践問題 3-5

次のイラストを見ながら場面を想像して、五感で感じた表現文例の□を埋めてみましょう。またこれを参考に、自分でもいろいろな表現を考えてみましょう。

（5）「手（はだ）」を使ったイキイキ表現（さわった感じを表現してみよう）

ネコの毛は何でこんなに□のだろう。

・さわるとどんな気持ちになる？

・ネコの毛と自分の毛のちがいは？

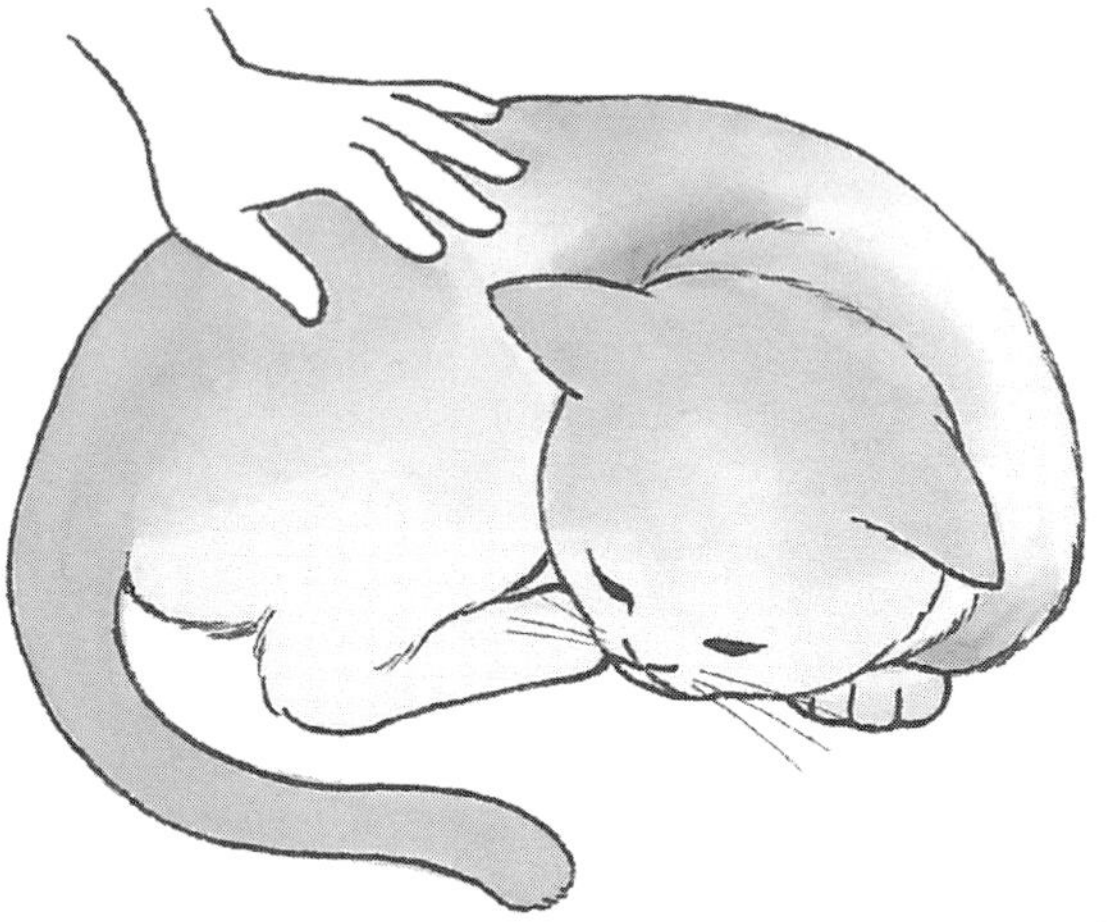

まるで高級品のじゅうたんみたいに□している。

・ネコの毛をほかのものにたとえると？

・水にぬれると毛はどうなる？

じっと手を置くと、□が伝わってきて心まで温かくなる。

・なでるとネコはどんな表情をする？

・ネコの手や足をさわるとどんな感じ？

冬は、一緒に寝ると湯たんぽがわりで□になる。

・ネコとイヌのちがいは？

・ネコについて連想することを書こう。

「やわらかい」「ふわふわ」「ポカポカ」「ヌルっとした」「ジトっとした」「ベットリした」「カサカサな」というような、ひふの感覚や、ふれたときのおどろきを表現するといいですね。

書き進められなくなったときの秘策

言い切ってしまったら広がらない

書き始めても、何行かすると立ち止まってしまう子が多くいます。これは予測できることだし、別に問題にすることもないのですが、実はその立ち止まったときにこそ、その子の思索や展開のポイントがあるということは、知っておいてほしいと思います。

つまり、立ち止まった理由は、一つの書きたいことを書き終えてしまったからなのです。

それを次にどうしようかとか、何を書いていこうかとか、考えあぐねているのです。

「これで終わったら短すぎるし、もっと書かなくちゃならないけれど、どう進めようか」と考えているのです。

何を書くか、何につなげていくか、次の羅針盤が見えてこないのです。

そういうときの文をみてみると、だいたいが「言い切ってしまっている」ことがわかります。

一つの段落が終わってしまっているのです。

しかも、ほとんどは解説不足で、まとめた文になりがちです。

「新しい教科書やノートがランドセルに入っています。もう3年生です。しっかり勉強しようと思います」

というように、なかなか次に向かいにくい構造の文になりがちです。

こうした文を書いた子には、きっと「もっと詳しく」という指導をしたくなる気持ちもよくわかります。

しかし、この子の中ではこれは既に完結しています。しかも決意表明までしています。ここから次の文は、なかなか書きにくいものです。素材の一つを詳しく展開していくことも、なかなか気力がいります。

この子は、本当にもう書き終えた感覚になっていて、できれば終わりたいのです。

文から要素を取り出してみる

こんな指導をしてみたらどうでしょうか。

わかりやすい方法としては、その子が1、2行書いた文章の中から、要素を取り出していくという方法です。

前述した「新しい教科書やノートがランドセルに入っています。もう3年生です。しっかり勉強しようと思います」という文章を子どもが書いたとします。

そこには「新しい、教科書、ノート、ランドセル、3年生、勉強」というような要素があります。

これはこの子が導きだした素材ですから、彼の頭の中に入っています。

それをもとにして、広げ、拡大し、展開していきます。
・「教科書は……」という文。
これは説明的になってしまうかも知れませんが、これを起点としていくならば間違った展開ではありません。これをふくらませて2、3枚書いていける要素でもあります。

教科書が薄くなったとか、表紙がどうだとか、ペラペラめくってみたら気づいたこととか、さし絵がどうのとか、どんな物語が載っていたとか、書こうとすればいろいろ見つかっていきます。
・「ノートは……」という文。
これも書いていけます。少しケイが狭くなったとか、表紙がかわいいとか、いくつか比較して違いを書くとか。
・「ランドセルは……」という文。
私ならばこれを選んで書き広げることを奨めるでしょう。なぜなら一番変化が見えやすいからです。

1年生のときは、まっさらです。今、ランドセルを見てみたら、傷やはがれがあったり、少し曲がったり、隅にしみが付いていたり。そういうものへ関心を向けさせ、それらを解説していく。そして場面をイメージして書かせていきます。

広がりを持てる要素を見つけて書き進める

なぜ、「ランドセルは……」を選ぶかというと、一番身近なものであって、しかも、ひとつひとつの傷には歴史があり、出来事やドラマへの糸口になっていくものがある。そういう要素を選ぶことが大事なのです。

ですから、私が指導していくとしたら、「ランドセルでいけよ」ということになります。展開していったときに広がりを持てるものと、そうでないものがあるということです。

この子が提示した素材の中で、唯一、場面や思い出が語られそうなものは「ランドセル」であることを見極め、そこに着目します。

そしてさらに、新しいランドセルを背負って登校した1年のころの思い出にふけるような文が、きっと生まれていきます。

「あの子どうしているかなあ」「最近は話さなくなってるなあ」ということに、意識が広がっていき、自然に次の文が生み出されていきます。

・「3年生は……」という文。

これも書きやすいかも知れません。教室の場所が変わる、新しくはじまった授業、担任の先生のことなども書くことができます。これはこれで何行かの展開になります。

・「勉強は……」という文。

これは書き方によっては、面白い展開もできます。親から言われていること、塾のこと、宿題のこと、前の成績と今の成績など、あれこれ書き進められます。

こんなふうに、たった1、2行の文から、とにかく書き広げて、書き進めていくことは充分可能です。それを、親が子どもに教えてあげてほしいと思います。やみくもに「くわしく」とか、「もっと書け」というだけではだめです

先に触れましたが、この素材の中でもっとも次の展開に向きやすいのは「ランドセル」です。場面や思い出などが浮びやすいテーマを選んでいくということが、自然な広がりにつながって

いきます。

【書いた文から要素を取り出す→展開しやすいテーマを選ぶ→書き広げ、書き進む】

こうした一つの展開の方程式があるということを知っておいて欲しいと思います。

関連づけがなくてもいい

さて、子どもが1、2行書いたものの中から、次の展開をしていくということについてお話ししましたが、こんな方法もあります。

子どもたちは、どうも書いたことに関連したことを、書き続けなくてはならないと思っているようです。だから「つながらない」とか「つなげなくては」などと思ったりします。それが妙な圧迫を与えることにもなります。

それを解決するには、「関連がなくてもいいよ」と言ってあげることです。

「いま、ふと浮んだけれど」とか「話は変わるけど」とか「まったく関係ないけど」という文を入れてみようということを語ります。

本来は、そんな言葉を入れる必要はないのかもしれません。しかし、関連づけがないと先に進めないという子には必要な言葉なのです。

現に「今まで書いたこととは、まったく違うことを考えてしまった」と書いてから、一気に書き進むことができた子もいます。

こうした方法を知らないと、書きたいことを思いついたときに今まで書いたことがつまらなく思えて、消しゴムの登場になったりします。

原稿用紙の半分も消してしまう子をよく見ます。もったいないですね。これは一貫していなくてはならないということに縛られていることから生じています。

そんなことはありません。人は書いていくうちに考えが変わったり、思いが変化していくこともあります。むしろそれが自然でしょう。

そのまま語れる楽しさを知る

論文と違い、作文にとって一貫性は、さして重要だとは思いません。

一つのことを考えていく過程が大切です。そのまま語ることに慣れていけば、それこそ作文は考えや思いの楽しい記録になっていきます。

「今、考えが変わってきています。書いているうちに、あっ、違うなって思えてきました」なんていう文が入っていったら、それこそ素敵ではないですか。誠実に正直に書いている気がします。

正しく真面目な姿勢というものは、首尾一貫性ではありません。変化し成長していく自己に忠実であるかどうかです。

ここを勘違いして、一つの考えや思いを実証していくとか、一貫していないとまずいとか、まるで論文をかくように破綻のなさを求めていくことになってしまうのは、どうでしょうか。作文は、論文でも公文書でもないのです。

もちろん、論文を書くときにはそうした一貫性が求められるでしょうが、それがすべてではないということです。

最近のメールなどの文をみていると、人間の表現のもっている変容を含んだ文体、文脈というものが確実に定着しているのを感じます。

作文がいつまでも定式化された書き方論に執着しているのは、今の時代に合わなくなっているのかもしれません。

ですから、突然話が変わったり、次の書きたいことを前後の関係なく語っていってもいいのだということを、きちんと伝えておきたいと思います。

しかし、それで文章が混乱するかと言えばそうではなく、より等身大になっていく感触があります。

もちろん、これは一つの手法として、今まで圧迫となっていたものを取っ払うためのものとして理解してください。書き進めやすくする方法論です。

そのために、今まで縛っていたものを溶かしていくことを奨めているのです。

いろいろな事例を使う効果

書き進めにくいときには、「事例」を使うことを指導してあげてください。

私が提唱している「**な・た・も・だ**」法（なぜ→たとえば→もしも→だから）（84ページ参照）を使って文章を作るときにも、「たとえば」の領域を広げて、例をいくつかあげることによってより深まりますし、文章の全体量を調節していくこともできます。

「な・た・も・だ」法は、まず意見があって、それを説明したり素材としての例をあげて文を構成していく方法ですが、作文は必ずしも意見だけではありません。

感覚的な文一つ、場面の描写一つでも充分に作文になります。

文章表現の可能性というものは、まだまだ開拓していく余地がありますし、人の言葉と表現のステージも、まだ無限の方法が宿されています。

そのなかの一つの手法として、「例」は確実に効力があります。

仏教の説話なども、みんな事例・たとえ話です。小説もそうだと言っていいでしょう。事件・ドラマ・芝居・これらもそうです。人は手法としての「例」を工夫していくことに、多くの年月と労苦を費やしていると思います。

これを継承しない手はありません。「思ったことを書く」というだけでは、まとめられて、意見となっていくのみです。そこからまた「な・た・も・だ」的に展開し広げていくといいでしょう。

「例」をはじめから最後まで語ってしまう、ということがあっていいと思います。これは私は「例」といいましたが、現実には「できごと」として、多くの子どもたちは、すでに「できごと作文」を書いています。

事例をもって語る

その場合「今日は運動会です」ということわりなどを入れる必要はありません。

「みちお君は一生懸命に手をふって走っている。そのそばを……」というように、徹底的に見たものだけを語っていくという方法は、実は効果的だし、作文の原点だと言えます。

私たちはいろいろな場面を目撃していて、その場面の変化の中に自分も取り込まれています。それを言葉に置き換えたものを、表現し、文章にしていく。そしてまた、文章から場面を想像し、つまりは置き換えることをしています。

意見を書くということは、実はその自分の印象に残ったことや、その出来事のいきさつをとり出して、文として再合成していく。そこに集約的に表現していくということです。だから、比較的意見がはっきりしない場合でも、事例一つが描かれていれば、人はそれぞれの読解のしかたで、そこからなんらかの考えやメッセージを引き出していけるのです。

私も新聞や雑誌などで、「親と子の事件簿」をテーマとした原稿を20年以上書いてきましたが、そこで学習したことは、「事例をもって語る」ということでした。

意見のみの原稿は、こちらもなかなか書きにくいものだし、読者も読むのがつらいらしい。それよりも、出来事を紙面で再合成していくと、これは多くの読者の共感を呼びます。人の考えや意見も知りたいのだが、それよりも多くの出来事という事例を知って、そこで自分なりに考えたい、という意志が強いのだと知ったわけです。

最後の一行くらいに意見を書いても、あるいは書かなくても、その事例をもって読者には伝えられるものがあるのです。

既に事例を切り取っている時点で、自己の考えを示すことができているのです。

映画のカメラマンになれ

子どもたちのなかには、意見はなかなか形成しにくいという子もいます。無理をすることはありません。できごとを淡々と語っていくだけでいい。指導ポイントは「映画のカメラマンになれ」ということです。

場面が突然切れて、会話になり、また夕焼けになったり、走っている場面になったり、そういうカメラワークが場面を書くことのポイントになります。

のんべんだらりと一つの景色だけを追いかけていくのではなく、そこに変化を持たせていくことです。

そういう場面の描写や会話をふんだんに使っていくことができたら、2、3枚を書く時に有力な方法になっていきます。

作文は場面から始まって場面に終わる、というくらい場面を書いていくこと。つまり事例がものを言うのです。

「例をあげると……」などという断りはいらないでしょう。

「体育館の時計が、ちょうど怒った口ひげのように10時10分をさしていた。山並先生は……」

というふうに、突然場面で始まってもいいのです。

そういう進め方をすると、あまり途切れて、進められないということがなくなります。

場面に目を向ける。これは困ったときの方法ではなく、実は本質です。

どんなテーマでも、場面で対応できるようになると、面白いように書き進められます。

作文の力量は確実に上昇していきます。

改行・段落を作る習慣を

最後にもう一つ付け加えます。段落は必ず習慣づけなくてはなりません。

焦って書いていると、一気に書き進んで、段落がなくなってしまう恐れがあります。

段落・改行ということを、私は真剣に学習させています。

改行だけではなく、ときには一行あけて余韻を持たせてもいいと思います。その空間に意味があるのです。

改行・段落といった、文のまとまりや展開に、神経を注いで欲しいと思います。これは文章のけじめであり、自分から進んで次を考えて、文の指針・方向を示していく作業でもあります。

段落が変わるときの12のきまり

1	ものの見方やとらえ方を新しく変えるとき
2	別の考えを話すとき
3	ひとつの話題の、別の面を話すとき
4	具体的な例や、データを添えるとき
5	エピソードを紹介するとき
6	資料を引用するとき
7	会話の話し手が変わるとき
8	舞台（時や場所）が変わるとき
9	別のできごとや事件に移るとき
10	人物が変わるとき
11	行動が変わるとき
12	話のテーマが変わるとき

家庭でのチェックポイント

◆書き進められなくなったときの秘策

・言い切ってしまったら広がらない
・書いた文章から要素を取り出してさらに書き広げる
・広がりを持てる要素を見つけて書き進める
・関連がないことを書いてもいい
・思ったまま語れる楽しさを知る
・一つのことを考えていく過程が大事
・一貫性にあまりとらわれなくていい
・いろいろな事例を使うと効果的
・取り上げた事例でメッセージを伝えられる
・映画のカメラマンの視点になる
・場面の描写や会話を入れる
・改行・段落を作る習慣を

テクニック4 な・も・ど発想法

「自分の意見を出すのが苦手」という人には、自分の意見をつくれる、とても便利なテクニックをお教えしましょう。

それは「な・も・ど発想法」です。

「な・も・ど」発想法は、「なぜ」「もしも」「どうすれば」の頭の文字をキーワードにして、文章を書いていきます。例えば、「いじめ」というテーマならば、

な……なぜ、いじめがあるのだろう。
も……もしも、わたしがいじめられたら。
ど……どうすれば、いじめがなくなるのだろう。

と、スラスラと展開が進みます。

「な・も・ど」は、作文の展開と思考を促してくれる働きをするのです。

な・も・ど発想法のやり方

な

なぜ……なんでもかんでも、とにかく「なぜ」と問いかけてみる。

「なぜ、ぼくはサッカーがへたなんだろう?
体が小さいから、いつもヘディングで負けるんだ。」

も

もしも……「もしも」とたとえてみると、自分の意見がスーッと出てくる。

「もしも、身長が2メートルあったら、ゴール前でせりあっても負けないんだけれど。」

ど

どうすれば……「どうすれば」と考えてみれば、自分の考えがしぜんにまとまる。

「どうすれば、サッカーがうまくなれるだろう。
一生懸命練習して、パスやシュートでは人に負けないくらいの力をつけようと思う。」

頭の一文字ずつをとって、「な・も・ど発想法」です。

自分の意見や考えを書こうと思っても、ふだんから考えていないとなかなか出てきません。

そんなときには、大声で「なぜ?」と言って、一つの文をつくってみます。

次に「なぜ」の文を、もっとわかりやすくするために「もしも」と考えてみましょう。

最後に「どうすれば」と考えて、「こうすればいい」という提案や意見をまとめます。


では、「な・も・ど」の文を、一つにつないでみましょう。


「なぜ、ぼくはサッカーがへたなんだろう?

背が低いから、いつもヘディングで負けるんだ。

もしも、身長が2メートルあったら、ゴール前でせりあっても絶対負けないんだけれど。

どうすれば、サッカーがうまくなれるだろう。

一生懸命練習して、パスやシュートでは人に負けないくらいの力をつけようと思う。」


というふうに、りっぱな意見作文ができあがります。

もう一つ例をあげてみましょう。

な

「なぜ、地球は温かくなっているのだろう?」

も

「もしも、南極の氷がとけたら、
日本は海にしずんでしまうだろうか。」

ど

「どうすれば、地球環境はよくなるだろう。
まず、空気をよごさないことだ。」

一つの文につないでみると、

「なぜ、地球は温かくなっているのだろう?
もしも、南極の氷がとけたら、日本は海にしずんでしまうだろうか。
どうすれば、地球環境はよくなるだろう。まず、空気をよごさないことだ。」

となります。次に実践問題をやってみましょう。

実践問題4

「な・も・ど発想法」で文章を書いてみましょう。

な

「なぜ」で文をつくる

も

「もしも」で文を続ける

ど

「どうすれば」で文をつくり、まとめる

意見作文が上手になるには、さまざまな事柄に対して、
問題意識をもち、ほりさげていくことが大事です。

書き終わりを工夫する

10分作文では終わり方が重要

実は、これはなかなか大変で、私も2、3枚の原稿ではラストの2、3行、つまり「終わり方」にかなり神経を使います。

作文は「書き出しの一行、終わりの一行」などと言われます。それだけ肝心な部分だということです。

実際に、私も多くの作文コンクールの審査をするとき、下審査からやります。すると、はじめの書き出しで、だいたいその子の力量や作品の具合がわかってきます。

ピアノの先生なども、はじめの何小節かの演奏でもう力量がわかると言います。やはりそういうものなのでしょう。

書き慣れと考え慣れ、そして、これからお話しする着地が大切です。

終わり方としては、次のような方法があります。

題に戻るという方法

まったく違ったことを書いてきていても、最後にふと題に戻る。題を取り入れた文にしてしまうとか、それらをからめたことを書くとか。

読者はちゃんと戻ると、着地が安定してほっとするものです。

突然終わる方法

「しかし…」などと書いたり、「…なのだが」などと中途で終わって、余韻を残すやり方。まとまらないときや見解がおぼつかないときなどは活用していくといいです。

・もう不安はないと思った。しかし……。
・これで大丈夫なのだが……。
・そのとき僕の携帯が鳴った。
・ちがうかな?
・こんな考えおかしいのかな?
・とか何とか言ったりして。
・いけない、いけない、お手伝い忘れてた。

・あっ、パパ帰ってきた。今日はここまで。
・残念、10分が過ぎてしまった。

起承転結の「結」を意識した方法

これが基本です。意見作文の時にはしっかりと着地したいものです。「な・た・も・だ」作文法（84ページ参照）でいえば、「だ→だから」の文にあたります。

つまり、ぼくの言いたいことは、夜更かししてはいけないということです。
つまり、自分だけ楽をしようとしても、だめだということです。
つまり、わたしたちは、まちがっていなかったのです。
つまり、いちばん大切なのは、人の話をよく聞くことです。
だから、良子さんは泣いたんだと思う。
だから、妹といっしょに行くのは、いやだったのです。
だから、私はボランティアをつづけたいのです。
だから、お父さんの言ったことは、ほんとうだったと思います。
けっきょく、その鳥はもどってきませんでした。
けっきょく、あせったほうが負けるものだと、気づいた。
けっきょく、完ぺきな人間はいないんだ、とわかった。
けっきょく、一位になったのは、B組だった。

これらの結びの方法を、子どもたちなりに工夫させていくといいでしょう。

「ぼくはこれをやってみたい」というふうに。そういう挑戦が表現を飛躍させていきます。

大作家のやり方がいつも正しいのではありません。それは彼の生み出した一つの方法です。模倣していって、それにとらわれすぎて定式になったとしたら、かえって表現の進歩は損なわれていきます。

とにかく自分でスタイルを編み出すことが大事。

そこに焦点を当てていくことです。

「10分作文」という強制・負荷の中だからこそ、はじけて生まれていくものがあります。

家庭でのチェックポイント

◆書き終わりを工夫する

- 「10分作文」では終わり方が重要
- 最後に「題」に戻る方法
- 突然終わって余韻を残す方法
- 起承転結の「結」を意識し着地する方法

※●116ページの『「書き出し文」「書き終わり文」のコツ』も参考にしてください。

テクニック5 な・た・も・だ発想法

「テーマは決まったのだけれど、考えがうまくまとまらない」と困っている人はいませんか。その原因は、考えの展開の仕方がうまくいっていないからなのです。じょうずに展開していくための秘密のテクニックが「な・た・も・だ発想法」です。

「な・た・も・だ」発想法は、**「なぜなら」「たとえば」「もしも」「だから」**の頭の文字をキーワードにして、作文を構成する方法です。「な・た・も・だ」には、**意見・根拠・例・検証・まとめ**という基本要素が入っていますので、文章を論理的に構築することができます。

「な・た・も・だ」発想法のやり方

「ぼくはこう思う」……まず、自分の意見や思いを書く。つぎに

・「わたしは、国語がきらいです。」

な

なぜなら……理由を説明（せつめい）する。

・「なぜなら、漢字が覚えられないからです。」

た

たとえば……例（れい）をあげる。

・「たとえば、国語のテストの漢字の問題は、半分くらいしかできません。」

も

もしも……思いつくことを書く。

・「もしも、漢字を覚えられたら、きっと本も読むようになるし、国語の時間も楽しくなるでしょう。」

だ

だから……結論（けつろん）、まとめ。

・「だから、これからは毎朝10分間、漢字を勉強するつもりです。」

頭の一文字ずつをとって「な・た・も・だ発想法」です。

「な・た・も・だ」の順番は入れかえてもいいし、どれが先にきてもいいけれど、この4つの要素をしっかり入れれば、スラスラ書けるようになります。とくに、意見や感想を述べる場合には、この4つはとても大切な要素です。

では、「な・た・も・だ」の文を、一つにつないでみましょう。

「わたしは、国語がきらいです。
なぜなら、漢字が覚えられないからです。
たとえば、国語のテストの漢字の問題は、半分くらいしかできません。
もしも、漢字を覚えられたら、きっと本も読むようになるし、国語の時間も楽しくなるでしょう。
だから、これからは毎朝10分間、漢字を勉強するつもりです。」

というふうに、上手に展開できます。

もう一つ例をあげてみましょう。

「わたしは、○○川を、きれいにしたい」

な

「なぜなら、きたなくにごっているし、いやなにおいもするからだ。」

た

「たとえば、このあいだは、ペットボトルやビニールぶくろが流れていた。ゴミがたくさんういていることもあった。」

も

「もしも、川の水がきれいになれば、魚がすめるようになるかもしれないし、泳ぐことだってできるかもしれない。」

だ

「だから、川をよごした人には、ばつとして、コップ一ぱいの川の水を飲ませる法律をつくる、というのはどうだろう。」

一つの文につないでみると、

「わたしは、○○川を、きれいにしたい。

なぜなら、きたなくにごっているし、いやなにおいもするからだ。

たとえば、このあいだは、ペットボトルやビニールぶくろが流れていた。ゴミがたくさんういていることもあった。

もしも、川の水がきれいになれば、魚がすめるようになるかもしれないし、泳ぐことだってできるかもしれない。

だから、川をよごした人には、ばつとして、コップ一ぱいの川の水を飲ませる法律をつくる、というのはどうだろう。」

となります。次に実践問題をやってみましょう。

実践問題 5-1

「な・た・も・だ発想法」で文章を書いてみましょう。

まず、自分の意見や思いを書こう。（例：わたしは○○○○と思います。）

な

なぜなら……その理由は？

た

たとえば……例（れい）をあげよう

も

もしも……「もしも」を考えよう

だ

だから……まとめてみよう

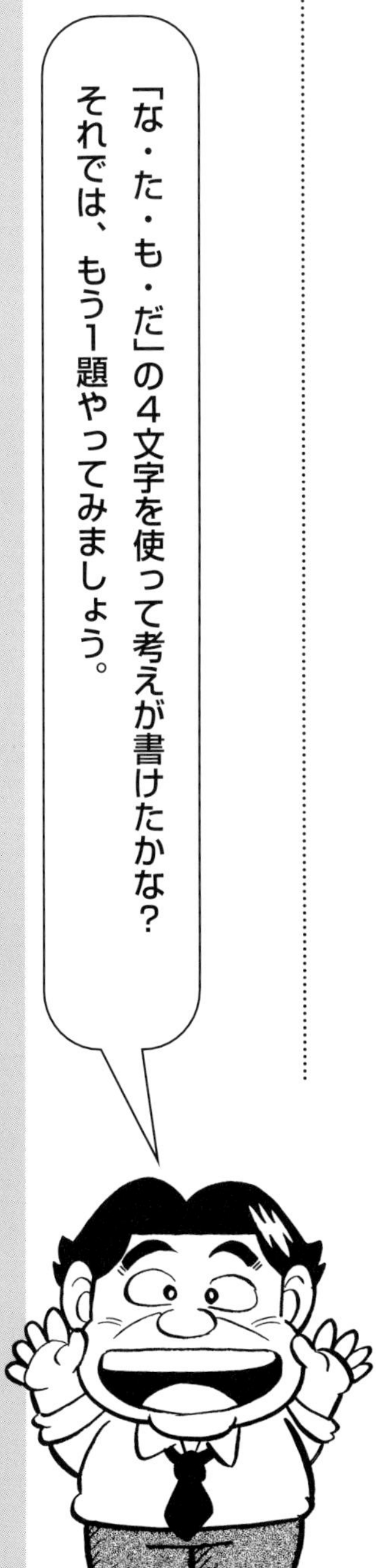
「な・た・も・だ」の4文字を使って考えが書けたかな?
それでは、もう1題やってみましょう。

実践問題 5-2

「な・た・も・だ発想法」で文章を書いてみましょう。

まず、自分の意見や思いを書こう。（例：○○について○○と考えます。）

な

なぜなら……その理由は？

た

たとえば……例（れい）をあげよう

も

もしも……「もしも」を考えよう

だ

だから……まとめてみよう

「な・た・も・だ」の４文字を使って考えをまとめれば、りっぱな意見作文や感想文が書けますから、覚えておきましょう。

作文力はすべての学力の源

◆すべての教科は言葉で理解し考えていく

お子さんが学校で何を習っているのかというと、実は「言葉」なのです。国語だけではありません。算数でプラスとかマイナスとかいうのも言葉、理科で日の出・日の入りというのも言葉、音楽のドレミファソも、体育の逆上がりも、みんな言葉です。教科書が言語によって成立している以上、教科がわかれていても、最終的には言葉として理解し、記憶し、考えていくわけです。そうやって言葉で理解し考えたことを、どれだけ表現していけるかが学力なのです。

作文を書くということは、学校で学んできた知識としての言葉、生きてきた自分の経験として言葉を使って、自分がそれをどう捉えたか、どう考えたか、どう思っているかを語っていく作業であり、あらゆる学ぶ力を総合した結晶です。ですから、私はすべての学問の王であると言っています。

作文力をつければ、あらゆる教科の学力が伸びるのです。

お子さんの好きな「三国志」に出てくる魏の曹丕（そうひ）は、「文章は経国の大業にして不朽の盛事である」と言っています。人生の中でも、社会の中でも、文章で表現していくことがいかに重要であるかということです。

◆何を伝えたいかが大事

これまでの作文指導をみていると、「てにをは」や「段落」をきちんとしましょう、わかりやすい文章を書きましょうといった技術論にかたよっているような気がします。

私が30年間、作文表現教育の実践で多くの子どもたちを見続けてきた結果、そういう指導では、形式的・マニュアル的な技術論は身につくけれども、本当の作文力は身につかないということがわかったのです。作文力の本質は何かというと、自分の意見であり、何を伝えたいかということです。

「何をどう語るか」というときの、どう語るかという部分では、もちろん技術が必要です。しかし、それだけでは考えたり分析したりする力は育成されません。作文力とは、一つのことをいろいろに捉えていけるだけの視点・観点・価値観をもち、それを理解し分析し意見を作っていく力です。

お子さんに作文力をつけさせるには、日常生活で「なぜだろう」という疑問を持たせることが大事です。親御さんが普段の会話の中で「なぜかしら?」「たぶん……じゃない」「もしも……だったら」など思考力を伸ばす言葉や、展開力を増す言葉を意識的に投げかけて、お子さんに考えるきっかけを作っていくことが重要です。

第3章

10分作文を3題続けると効果的

―中級者編―

10分作文の授業・再現ドキュメント

「10分作文」は3題続けて行うとより効果的です。それでは、「10分作文」の授業を、ドキュメントふうに再現してみたいと思います。これは国語作文教育研究所の夏の特講で実際に行われた実践です。

宮川作文教室は、異年齢、異学年で構成されていますが、このクラスは小学校1、2年生が大半で、4年生が少し入っています。

1題目

10分間で、原稿用紙2枚の作文を書きます。

1回目の題は、その日は雨が降っていたので「雨」。

宮川「作文ていうのはなあ、何を書いたらいいか探すのが勉強だぞ。何を書いてもいいんだよ。練習なんだから、どんどん書こう」と声をかけます。

宮川「さあいくぞ。あと20秒で始めるからな」

百ます計算のようにストップウオッチを持って、5、4、3、2、1、スタート。

宮川「3分経過。あと7分」

宮川「鉛筆を早く動かして、パッパ、パッパと書くこと」

消しゴムで消す回数の多い子は、なかなか進みません。

宮川「あと3分」

だいたいの子どもは、原稿用紙1枚は書き終えています。

宮川「残り1分」

宮川「はい、やめて」

そこで、1題目の問題点を子どもたちに提起します。

●消しゴムを使わない

宮川「1題やってみて、気付いたことを言うぞ。

君たちは、何で消しゴムでいつも消そうと思うの？

字を間違えたら、書き終わってから消して書き直せばいい。

いつも正しく書いて進めていくことが大事なんじゃないんだ。

まず2枚を書き終えることが目的だと思ってくれ。

それから、もう一つ。もったいないのは、4、5行書いていた文を丸ごと消す人がいるが、これは絶対ダメ。

君たちが、この原稿用紙の上に書いた文章というのは、君たちしかできないものなんだから、

君たちが自分で気に入らないと思っても、僕が見てすごいと思ったら、どうするんだ。消したらもったいないじゃないか。

消したくなっても、『ここで話を変えると』とか、『今ふと思ったのだけれど』と書いてから、続けていけば良いんだ」

●考えた道筋を書く

宮川「もう一つ、一番大きな問題がある。

作文というのは意見を書くものだと思っているから、考えて考えて、考えた結果とか、答えみたいなものを書こうとするクセがまだある。

しかし、それは違う。

『雨』という題で、『雨とは何か』と考えても、何も出てこない。

それから、『なんで、こうなるんだろう』と書いてる人が多い。

『なんで雨は降ってくるんだろう』

『雨は何で小さい粒なんだろう』

『なんで雨は透明なんだろう』

『なんで、なんで』になってしまう。おそらく学校でそうやってるんだろうね。

疑問を出して、何でだろうって考えていくのは確かに基本なんだけれど。

でも、それをやっていると、絶対2枚や3枚書けない。

みんな博士論文みたいな論文になっちゃうよ。

作文って、もっと気楽に書こうぜ。

『今日は雨が朝から降っていて、傘はないし濡れちゃうし、嫌だなあ』『ママはこう言っているし』とか。

いろんな事を自分自身で思い浮かべて、まずこんなことを感じて、それから、こんなことを考えてというふうに、考えた道筋を書いていくのが作文です。

それが、ありのままに書くということなのです。

みんなは、考えた道筋じゃなくて結果を書こうとしてしまう。これはダメ」

○作文に答えはないし式もない

宮川「作文には答えがない。答えもないし式もない。

特に「10分作文」では、頭にぱっと浮かんだこと、思ったことを書いていけばいいんだ。

そして、どんどん書き広げていくことが大事。

今日の目的は、10分間で2枚から3枚書くこと。

それから、みんなの原稿用紙を見てご覧。

こんな言葉が入っているかな？

『もしも』とか『たとえば』とか『だから』という言葉が入っていないなぁ。

書くことが無くなったら、『もしも』『たとえば』『だから』『なぜなら』『きっと』『たぶん』『話は変わるけれど』、そういう言葉を使って書くと話しが広がっていく。

そういう言葉も入れて、文を続けてみよう。

あと、会話があっても良いね。例えば、

『あっ、雨だ。今日、作文研に行くのどうしようかな』

『早く行きなさいよ』とママが言った。

と書けば、雨についての今朝のママとの会話になります。

そういうふうに考えていけば、どんどん書くことができて、いくらでも進んでいきます」

○どんなことを書くか頭の中で整理しておく

宮川「それから、もう一つ。

書き始める前に、まず書くことを決めておくこと。

題が『雨』だったら、これとこれとこんなことを書こうと考えておく。

例えば、『今年は梅雨がずっと明けなくて涼しい。冷害になってお米がとれないかもしれないなあ』とか、『でも東京の水瓶は一杯になる』とか、雨について広げて書いていくこともできる。

また、雨についての思い出や事件、失敗談や笑い話でもいい。

あるいは『……のようだ』という手法を使って、『雨って涙のようだ』というのもいい。

また、『今、僕の心の中に降っている雨は』というふうに、内面的なものへと転換させていってもいい。

つまり、どんなことを書いていくのか、初めに頭の中で整理した方がいいんです。

ああ書こうかな、こう書こうかなと迷っていてはダメ。

書くことを一つ決めてしまう。

一つのことを決めたら、他のことは全部捨てていいんです。

今日はこのことだけを書こうと絞り込んだ方がいいんです。

いろいろなものを盛り込んでも書けるわけはないのです」

2題目

2回目の題は、「怒っているぞ」です。

宮川「今から1分間だけ、何を書くかを頭の中で考えてください。みんな怒ったことあるよね。まず何を書くか決めなさい」

（1分経過）

宮川「みんな頭の中で構想を練ったか？　じゃあ始めるよ。5、4、3、2、1　スタート！」

今回は前回よりも皆、速いスピードで書き始め、消しゴムは使わないようにしています。

宮川「最近、何に怒った？　何でも考えたことを書いていいのが作文なんだから。これを書いたらマズイとか、これかいたら叱られるかなあ、と思っているうちは絶対書けないからね」

2題目も10分で終了。

そして、2題目の問題点を提起します。

◯意見を作らなきゃと思いすぎない

宮川「みんなは、作文を書くことは意見を作らなきゃいけないと思いこんでいないか？

だから、『怒っているぞ』みたいな題は書きにくいんだな。

1題目と同じで、『なんで人は怒るんだろう』『怒りとは何か』とか『怒って良いのか』とか、そういう方向にいってしまう。

そういう意見は、一番最後の1、2行で書けばいいんだ。

それまでの段階は、自分が今怒っていることを書くんです」

●今思っていることを、そのまま書く

宮川「『塾！　なんだお前は……』『車！　なんだお前は……』『夏！　なんだお前は……』『土！　なんだお前は……』というふうに、『なんだお前は……』って怒れないの？

心の中をはきだして、怒ってることをいっぱい書いてみようぜ。

作文っていうのは、辛いとか悲しいとかいう思いを、服を脱ぐように脱ぎ捨てて、すっきりしようって思わないと書けないよ」

3題目

3題目に行くまえに、

宮川「今日は、自分が決められた時間内にどうやって速く書くか、自分で自分を実験する勉強をしています。だから、みんなもっと鉛筆を速く動かすこと。ゆっくりと「ぼ・く・は」なんてやっているうちはダメ。

この作文は、ママにほめてもらう作文じゃないんだから。

正しいことを書かないと×になる作文じゃないんだから。

普段自分がおさえているものも、全部爆発させていいんです。

自分の思いの丈を全部はき出すつもりでやらなければダメですよ」

とハッパをかけます。そして
宮川「みんな疲れたかな？

それじゃあちょっと休んで、気分転換にお話をしましょう」

子どもたちが疲れてきたら、頭の中を柔らかくする話をすることも必要です。そのことによって、発想が開花したり、柔軟な思考ができるようになったりするからです。

宮川「氷」が溶けるとどうなる？
生徒 点がとれて「水」になる。
宮川 それは良い答えだね。
考えるということは、場面を浮かべることだからね。
どういう氷か、どこの氷かを考える。
コップの中にジュースが入っています。その氷が溶けたらどうなりますか？
生徒 ジュースの味がかわる。
宮川 そう！ そういうことを言ってるんだよ。
じゃあ、スケートリンクの氷が溶けたらどうなりますか？
生徒 春になる。

宮川 そう、ほかにも。
雪山の氷が溶けました。どうなりますか？
地球上の氷が全部溶けました。どうなりますか？
かき氷の氷が溶けましたどうなりますか？
冷凍庫の氷が全部溶け出しました。どうなりますか？
こういうふうに、イメージを広げていって、少し頭を柔らかくしようぜ。

3回目の題は「夏休み」。
始める前の30秒間は構想を考える時間。
宮川 「30秒間は構想を考えます。
どんなふうに始めて、どう持っていくのか、考えておかないと書けないぞ。
今日のテーマは、2枚ちゃんと書くことだからね。
5、4、3、2、1、はい始め。
最後は少し延長するから、納得がいくまで書いてごらん？」

●根源的な問いかけをする

宮川 「夏休みについて、1点だけ最後に考えて欲しいことがある。
僕たちは夏休みに何を休んでいるのだろう、ということを考えて欲しい。
どこかでその点を書いてほしい。
人は何を休むのか？

僕らにとって、休みってなんなのかっていうこと。

休んで何をしてるのか?

そう考えると、ちょっとだけポイントがつかめると思います」(142ページ参照)

●作文はまとめるのではなくイメージを広げていく

宮川「作文書く時は、ストップといわれるまで、一息でずっと続けて書いたほうがいい。詳しく書けという人がいるけれど、それはちょっと違う。

作文は、まとめちゃいけないんだよね。

風呂敷にいろいろな材料をまとめて『はい、できました』っていうのではなくて、風呂敷をほどいて、なかの物をどんどん見せていく作業だと思う。

作文は、どんどん広げて広げて展開していく作業だと思って欲しいんだ」

3題目は、時間を延長して完成へ持って行きます。

そして最後に、全員の作文に目を通し、優れたところをチェックし、言葉をかけて返します。


「10分作文」のドキュメントはいかがだったでしょうか。

多くの場合は、回を重ねるごとに枚数が増え、2枚を突破する者も出てきます。

量的にはさほどの変化が見られなくても、でき上がった作品には、工夫や苦闘の跡がはっきりと表れていて、量でははかれない成長を読み取ることができます。

1題目を書いてみよう

1題目のチェックポイント

①まず、今日書くテーマを1個だけ決める。
②つぎに、素材つまり書く材料を見つける。
　素材をつぎつぎ見つけて、連想ゲームのようにどんどん思い浮かべていく。
③作文に答えはない。思い浮かべたこと、考えた道筋を書いていけばいい。
④書くことがなくなったら、「たとえば」「もしも」「なぜなら」「きっと」「たぶん」など、展開しやすくする言葉を使って書くことを広げていく。
⑤消しゴムは使わない。
⑥「あと1分」と言われたら、最後のまとめを書く。

異年齢、異学年一緒に取り組むことの良さ

「10分作文」のドキュメントは、いかがだったでしょうか。
さて、こうしたゼミの風景は、解説を入れないとわからないかも知れません。

私のゼミには、小学1年生もいれば大学生もいます。一応、大まかに学年の区分けはあるものの、本質としては、学年や年齢はたいした意味はないようです。

深く考える小学1年生もいれば、のほほんとしている大学生もいるということです。

課題があったとして、それをどう料理していくか、何を書いていくかは、それこそ子どもたちの内実によって異なります。知識の範囲と思索のキャリアにおいてしか、作文は書けません。知らないことは書けません。考えていないことは書けません。とすれば元来、小1用のテーマとか、大学用のテーマなどというものには、さしたる根拠はありません。

知識を消化する力を問うということならまだしも、表現力や思考力については、個人差はあっても学年によって明らかに違うということは、あまり私は感じていません。

だからゼミでは、いろいろな学年が混在していく方が私としては面白く、子どもたちにとっても刺激になっていきます。

再現したゼミの授業は、夏の特別集中講座のときのものだったと思います。ということは、常連の子どもたちもいるけれど、初めて参加する子どもたちもいたということです。

1題目は書きやすい身近なテーマを

「今日は雨が降っているから、題は雨にしよう」とは、なんとも短絡的と思われるでしょう。しかし、私も表現教育現場30年の経験から、あえてそうしているのです。

雨が降っているという現実があって、それを今、彼らは確認している。しかもその日は朝から雨なのです。つまり、晴れている日常とは異質の体験を朝からしているのです。

傘を持ち、あるいは濡れるという体験や、あるいは、いつもと違った景色や変化を見てとっているわけです。看板一つでも、濡れると濡れないとでは見え方が違います。ベランダの花も葉も濡れていると、いつもと違う変化も出てきます。

さらには、傘をさしているのは自分だけではなく、多くの人がさしています。そこにはまた違う景色が広がります。色もあります。傘が人と共に動いていく様子を上から眺めたらどう見えるかなども、ひょっとしたら子どものイメージにあるかも知れません。

前に雨だったときのさまざまな思い出。晴れとの比較。雪との比較。あるいは「傘なんかなきゃいいのに」など。そうした思索があるかも知れません。

または、ふと目についた場面がいろいろあるはずです。転んだ人、ぶつかった人、電車の中での気になった人の行動とか……。

こういうことを、教室に来るまでに彼らは体験している。これは事実としてあります。車で来たとしてもそうです。

教室のそばにある錦華坂の緑なども目に入っています。そして教室に入る。そうすると窓越しに雨が見える。エレベータの前の傘立てにはいろいろな色やデザインの傘がある。

そして、私が「雨」という課題を出す。すでに子どもたちは「雨の現場」に居続けたということを前提にして、私は課題を出しています。

つまり、私としては、今日のこれまでのことを素材の一つとしていくだけでも充分に書けることを想定しています。その上に、今度はどれだけ思索を深化させていくか、積み上げ、練り上げていくか、何を語ろうとしていくかを期待していきます。

3題のうち1題めは、書きやすいことと、身近であることと、書き広げやすいことを意識して課題を出します。これが出し方のポイントです。

しかし、書けそうだと思いつつもやってみるとなかなか書けない。書き進められない。時間は迫る。私の助手は「あと何分」と声をあげる。このプレッシャーが、実は第1回目の子どもたちの環境となります。

時間制限を設ける意味

1題めでは、慣れている子でさえ、まだ頭脳は活性化していません。回転していません。だから、あれこれ惑い、考えあぐねたり、どう進めるべきかを苦しんだりしています。「ただ書けとばかり言われても……」と内心思っているのです。

だから、原稿用紙の2枚目に入るのがやっと。大半は1枚目の中ごろまで書いて停滞しています。

しかし、この時間制限はぜひ試してほしいです。困らせるためでなく、確認していくためです。現在の実力がどんなものかを互いに率直に認め合うために必要です。そこに起点があります。

「時間をかければもっとうまく書くのに」という言い分ももっとも。それはわかりますが、ここでは時間制限があるわけです。時間制限の中での実力です。

私もよく編集者に「先生、原稿急いでください。もう印刷機が回ってしまいますよ」とせかされることがあります。この場合は、親や教師が編集者になるようなものです。泣き落としだけでなく、子どもたちをその気にさせる言葉もかけます。

そして時間きっかりに終えます。

「ストップ」「鉛筆おいて！」　これがゴール。

子どもはだいたい、もっと書きたそうにしています。なかなか鉛筆を置きません。そうなればもうしめたもの。恨みがましい表情をしていれば、確実に次は進展しています。

この経験が誘い水になるわけです。

書けなかったことで、何かを感じとれるようになります。自己としての改良点を見いだしていくということにもつながります。

ここで、本当に何も書けないでいる子がいるかどうかは、確認しなければなりません。書こうとしないとか、鉛筆を持ってまだうろうろしているとするならば、それは別次元の指導が必要になっていきます。

それを踏まえた上で、まず3作書かせてみた方がいいでしょう。その間に解決していくことも大いにあるからです。

その時点で最良の作文であればいい

書き終えた後、私はあれこれ講義をしています。

「なんで書けないの?」ということも時には言いますが、基本としては「いいところまでいってるね、あとちょっとの工夫だね」ということを基本にして語ることにしています。もっともゼミの生徒はそんなことを言っても本気にとる者はいません。

では、なぜ書き進められないのでしょう。

一つは、題が「雨」なら「雨は……」などといって書き始めるケース。これは「雨」を説明しようとしているのです。この書き出しでは書き広げていくことが難しいし、できても労の多い力わざになります。このことは後でもっと詳しくお話しますが、つまりは何を書くかということを事前に考えていく「想」の働きが中途半端になっているのです。「何を書くか」というもっとも肝心なことが浮かばなくては、書けるわけがありません。

しかも時間で焦っているから、「何か書いているうちに浮んでくるだろう」という、さして考えない見切り発車ということになりがちなのです。

これは確実に「素材力」に関わる問題です。

「雨」という、極めて普遍的な課題であり、なんでも語ることができそうな課題でもあるのに、書くことがない、書き進められないということは、ちょっと乱暴に言ってしまえば、「書く素材が捉えられず、その吟味ができない」ということになります。

無論、漠然としすぎているからとか、書きたいものかどうかとか、多様な理由はあります。しかし、限られた時間の中で書くということは、ある程度まで考えたら、そこで見切っていくしかない。納得を求めていたら、きっと永遠に考え続けていくしかありません。

その姿勢は「ある段階での最良を選択し、決定していく」という、いわば生き方の問題にも関っていくように思います。そこでもし書ききれないで、誤解を招くことや不本意があったとしても、それはまた次の作品に活かしていくしかないという割り切りをもたないと、とても時間内の作文など書いていけるものではありません。

完成が目的ではないのです。

常に練習のための作品であるということを理解しなくてはなりません。

その時点での最良。そこでの自分の一つの決着。それくらいの気持ちがなくては、きっと立ち往生し、書ききれなくなって未完成に終わってしまうでしょう。人生も似たようなものです。

あまりの完全主義者はこだわり続けて小さくまとまり、いずれ、完璧になりきれなくて磨滅していきます。

消すことより生み出すこと

書いては消し、書いては消しということを繰り返していく子たちは、決まって飽きていきます。消すことの方に神経がいくようになります。自分の書いたものはその時の自分そのものだから「消すなよ」「進めろよ」というフォローが欲しいのです。

私は、消しゴムの使用はできるだけ禁止しています。消すことを覚えるよりも、生み出すことを強化促進していきたいからです。

彼らが消した文が、もしも、素晴らしいものであったとしたなら、それには二度とお目にかかれない。その時の彼らの判断だけに任せて消すことを、できれば奨励したくないわけです。

消すことには、「違うな」とか「つながらないな」とかの思いがきっと含まれているはずです。それを取り去ればいい。「まず書け」「つながらなくてもいい」「書いた文はそれはそれで活かせ」「独立させてもいい」……。そんなことを助言すべきでしょう。

それだけでも、作文嫌いの暗雲がすーっと取り払われていく子たちもいるのです。

間違い字などは、書き終えて読み返しの段階で直せばいいし、そのときに消しゴムは必要でしょう。消しゴムとは、そういう種類のものだと考えたらどうでしょうか。

このように考えれば、かなり重荷は減っていくはずです。

今、何を書きたいか

さて、「素材」に戻ります。

「何を書くかがわからない」という場合、処方となるのは「何を書いてもいい」ということでしかありません。禅問答のようで、答えになっていないと思われるかもしれませんが、しかし本質はそこにあります。

「雨」という題で何を書きたいかではなく、「今、何を書きたいか」ということです。

「今朝の親とのけんか」「昨日の友人とのいさかい」「心の中にあるわだかまり」「信長の乱暴さ」「自分が育てた花が咲いた」「地震が心配」「自衛隊の海外派遣の問題」……。

テーマは、いくらでもあります。

「先生の髪」「今日帰って見るテレビの番組」「焼き鳥を食べたい」「腹がゴロゴロする」そんなことでもいいのです。

「書くことがない」のではありません。「あり過ぎる」のです。その中で何を書くことが妥当かということを考えるということでしょう。

だから私は「なんでもいい」と言います。

書き出しなど「今は妙におなかがすいている」であってもいいではないですか。そして「今朝から何も食べていない」だとか、食べていない状況などをあれこれ書けばいい。雨にどう関係するか？

「雨が飴に見えてくる。重症かなあ」とでも展開していけばいいのです。

もうおわかりと思いますが、「書くこと」なのです。書き進めていくことが、今回のテーマです。そこで、今までなぜつまずいたり、こだわっていたのかということの理由が見えてくれば、一歩前進です。そういうこだわりを取り払う書き方があるということを知らせ、体験させ、定着していくことが大事です。

10分作文に定式はない

「10分作文」に定式はありません。

本当に自由に展開させています。ただ書くことと、書き進めることを念頭におかせ、そして完成でなくても完結はさせてみたい。本当に「自由に」ということを体感させていきたいと思っています。

つまり準備作文、練習作文、実験作文とでも言いましょうか、そういう感触が妙にリアルで、しかも力に直結していく気がするのです。

たしかに展開法として、「意見→なぜなら→たとえば→もしも→だから」という方法――すなわち私が20年以上も前から提唱している**「な・た・も・だ」作文法**（84ページ参照）を活用していくのも、一つの方法です。しかし、それにこだわる必要はないのです。やりたいようにやっていけばいい。

ただ肝心なのは、やりたいようにやっていって、なかなかできないときに初めて「要素」や「展開の方法」や「素材」や「組立て」など、いろいろなことに目が向くようになるということです。

本人が何かに気づくということが、次の学習へのステップになるでしょう。

「もしも→もしも→もしも」で進んでいっても、これはこれで面白い。ある場面や出来事だけだっていい。意見である必要もない。連想だけで書きあげる手法だってある。私は最初のころは、そういう連想訓練で飽きるまで書かせたこともあります。

知識の糸を結んでいく

一作目が満足のいかないものであることは、本人たちがまず認識します。それでいいのです。その反省から、こんなことも、こんなことまでもということを語っていくことは、狭くなりつつある彼らの視野を拡大させることにつながります。

「雨」ならば、「自然保護」「酸性雨」というふうに環境問題へと広げることもできます。「心で泣いた涙雨」ともっていけば体験にもなるし、事件などにもからめられます。「桶狭間の戦いの雨」につなげることもできます。「地球生誕時の雨」もあります。雨と傘で「核問題」なども展開できます。

こじつけだと思ってもらっては困ります。もちろんそうとも言えますが、それは知識であり、「関連づけ」です。そういう糸で縦横《じゅうおう》無尽《むじん》に結んでいく作業に、縦割りだけではない本来の表現の学習と定着があるということです。「関連づけ」をしていくことが本来の勉強なんだと理解させる作業が、講義でなされるわけです。

「これもありだね」「そうか、こういうこともできるのか」ということが多いほど、作文が面白くなるのです。テーマの広がりを知って幅をつかんでいくと、次は書けそうに思えてきます。

「詳しく書く」でなく「書き広げる」

もうひとつ肝心なことは、たった2枚だということ。「2枚も」ではなく「たった2枚」だと思うことです。

そして、書き始めはこうで、次はこうして、さらにはこんなことを書いて展開していく、締めはこれ、というように大ざっぱに文とその展開……つまりは段落ですが、これを思い浮かべていきます。

書く前に、もう飲み込んでしまうということでしょう。

こうすれば、1枚書いたら2枚目にという感覚をなくしていくことになります。2枚がワンセットになるんだということを、事前につかんでしまうということです。3枚でも百枚でも同じことですが、そういう構成があらかじめ頭に入っていると、けっこう書きやすくなるものです。

いつも私は、それを言います。

かつては手法の一つとして、1時間に10枚、20枚と競わせたこともあります。無論、枚数じゃないよ、中身だよ、また子どもの得手不得手があるじゃないか、ということは百も承知の上で、あえてやりました。

それも鍛錬ですし、それを越えた子たちは、「もう作文いやだよー」とか「枚数を減らして」などという声をあげなくなります。つまりそれは、自信がついたということでもあり、一度

「書き広げていく」ことを知ってしまうと、定着していくということです。

ただ「長く書かせる」というのではありません。また「詳しく書け」ということでもありません。展開の仕方を子どもたちが、その子なりの方法でつかんでいくことが大切なのです。書き進めてつかんだことが中身や表現に表れてくるということを、前提として理解していく必要があります。

書かないことにはなんにもならないということを自覚させ、その一点をまず開拓していくということです。

白紙も個性、書かないことも表現、という人がいますが、書けるか書けないかが個性ということではないでしょう。

書けないでいることをそのまま評価していくのでは、およそ教育は成立していきません。基礎教育の大切さはそこにあります。今回の本のテーマは、その点を突破していく技術論だと思っていただいてもいいでしょう。

だから、書いていって身につけていくということに徹していけばいいのです。

作文がスラスラ書ける8大テクニック

テクニック6

「書き出し文」「書き終わり文」のコツ

「書き出しの文が浮んでこない」「書き終わりの文が決まらない」そんな悩みを持っている人には、書き出しや書き終わりがスラスラ出てくるテクニックを教えましょう。そのまま、マネするのではなくて、あなたの作文に合わせて少しかえて書いてみましょう。

書き出し文10のコツ

・セリフから入る作戦

「はやく起きなさい！」と、お母さんがさけんだ。

・音から入る

「ガッチャーン」。勇くんのけったボールが窓ガラスにあたった。

・「いまいちばん」から入る

いまいちばんこまっているのは、九九ができないことです。

・動詞から入る

走った。ぼくはゴールめざしてひたすら走った。

・お話ふうに始める

台風がすぎさった次の朝のことです。

・思い出から入る

給食というと、まっさきに思い出すのが三年生のときの事件です。

・時刻から入る

8時20分のチャイムが鳴っている。ああ、今日もちこくだ。

・感動から入る

やったね！　これで決勝に出られる。

・意見から入る

ぼくは、弱いものいじめは、絶対やってはいけないと思う。

・五感から入る

新しい教科書に、そっとさわった。なぜかひんやりしていた。

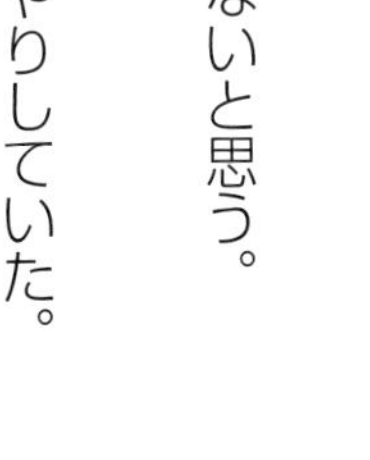

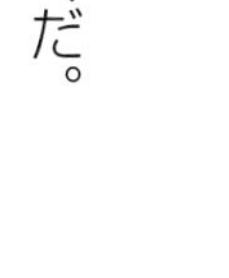

書き終わり文20のコツ

・**「つまり」で終わる**

つまり、あきらめてはいけない、ということがわかりました。

・**「けっきょく」で終わる**

けっきょく、わたしは友だちに「ごめんなさい」と言いました。

・**「もし」で終わる**

もし、わたしが転ばなかったら、チームは優勝していたでしょう。

・**「だから」で終わる**

だから、お父さんはあんなことを言ったんだ。

・**「なぜなら」で終わる**

なぜなら、わたしは、看護師になりたいからです。

・**「たとえば」で終わる**

たとえば、ヒナにエサを運ぶ、お母さん鳥のような気持ちを持ちたい。

・**「さてさて」で終わる**

さてさて、次はどうなることか。

・**ためいきで終わる**

ふーっ、つかれた。

・**さけびで終わる**

「もっと、まじめにやれーっ!」

・**質問で終わる**

先生、わたしたちは、まちがっていますか?

・まとめでことばで終わる

ようするに、わたしがいいたいのは、「話を聞いてよ」ということです。

・シャレで終わる

はたらきものの盲動犬には、かなワン。

・まんざいふうに終わる

おそまつさまで、ございました。

・セリフで終わる

最後に先生が言いました。「来年は、きっとうまくいくよ!」。

・ことわざで終わる

「のこり物には福がある」というのは、ほんとうでした。

・場面で終わる

学校を出たら、そとは木枯らしがふいていました。

・疑問で終わる

やっぱり、ぼくたちの調べ方が悪かったのだろうか。

・反省で終わる

もう、ぜったい友だちの悪口を言うのは、やめたいと思います。

・提案で終わる

みんながこうたいで、ウサギにえさをやることを提案します。

・印象で終わる

製紙工場って大きな生き物みたいだな、とぼくは思った。

実践問題 6-1

この「書き出し文」「書き終わり文」を参考にして作文を書いてみましょう。

この四百字詰め原稿用紙を使って、自分でテーマを決めて10分間で2枚を書いてみましょう。

実践問題 6-2

10分間で2枚書けたかな、別なテーマで
2回目3回目もやってみてね。

2題目を書いてみよう

2題目のチェックポイント

①書く前に1分間、構想を練る時間を設ける。
②これを書いたらマズイ、これを書いたら叱られると考えない。
③今、自分が怒っていることをそのまま書いていく。
④心の中にある感情を、服を脱いでいくようにはき出していく。
⑤意見を作る方へ向かうより、考えや思いを広げていく。

テーマを変えてみる

少し休憩して、2題目にいきます。
今回の授業では、「怒ってるぞー」という課題です。
これは、今の子どもたちには少し難しいテーマです。

かつては、感情を前面化していく課題に子どもたちは飛びついて、一気に書いていったものです。しかし、近年は感情を日常の中で露わにしていくことが蔓延していますし、もっと言えば、普段から感情的表現のみを表出していく傾向にありますから、これはかえって捉えにくく、深まらない。あえて書きにくいものになってしまうようです。

この時のゼミのあと、見学の編集者の方々とも話しながら振り返ってみて、新しい発見をしたものでもあります。

「憎い！」「辛い！」「くやしい！」などという、どちらかと言えばマイナスの感情を提出すれば、「この間こんなことがあって」とか「先生、聞いて」と、隠していた心の中を語っていく子が、かつてはずいぶんいたものです。きっと感情を抑制していく環境が、今よりはあったのだということでしょう。また感情を露わにしていく大人たちも、そんなに多くはなかったということでもあるでしょう。ですから、作文を分析するだけでも、その時代その時代の子どもたちや親の意識や生き方の研究ができるものだということです。

そのような理由で、この課題はハードだったのです。

なかには、怒っていることを書いてはならないという自制の子もいます。むしろ、感情を言葉や場面に置き換えていくことが大変になっている、ということかもしれません。

ただ、ここでもう一回、同じ「雨」という課題をやるということはしたくない。やり直して一つのものを完成させていくことは大切ですが、その語りきれぬない部分をバネにして、次のステップに向けさせたいのです。

なぜなら。「雨」は情景や場面をあらかじめ前提として提供しています。

それに対して、「怒ってるぞー」という感情領域は、初めから自己の内面を見つめていき、そこでわき上がったものを、述べていくことになるからです。

感情だけ、悪口だけの羅列であってもいいのですが、きっと彼らはそこにこそ勇気を必要としています。いわば「雨」的な課題の逆を意図しているのです。

そして、これは肝心なのですが、もしも1時間に3題をさせようというのなら、2題目は意識的に難しいものか、逆にすらすら書きやすいものかに、はっきりわけて対応した方がいいと思います。

自信のない子は後者、ありそうな子は前者がいい。理由は語らずともおわかりいただけると思います。

一貫性より思索のプロセスが大事

2題目もまた、時間を10分に限定します。

もう子どもたちは慣れはじめています。初めに構想をメモするとか、横に並べて構成を考えるとか、いくつかの要点をメモしていくとか、それを課題として与えた後、30秒くらいを使って準備させてから、「スタート」をするようにします。

書きながらイメージが浮ぶということをしていたら、多分、時間内には終わらないでしょう。事前にこういうことを書くということを、一応決定しなくてはならないのです。

あとは、それをどう文章として構築していくかに専念していくことです。

それでも書いているうちに、事前のものよりも練り上げられていくこともあるし、ふと思い付くこともある。それはそれで「いまふと気がついたが」という文を書いていけばいいわけです。

つまり、首尾一貫性を意識し過ぎないということです。思索や考えのプロセスを書くことのほうが大切です。

考えた結論を書くというくせを付けると、書くことがおっくうになってしまいます。

考えたり、疑問を持ったり、それについて自分なりに調べたり、人の意見を聞いたり、ということを日常からしていれば、本当は困らないのです。

それをしていれば、「これについては前に考えたことがあった」などという文が生まれたりもします。

要は普段から、考えて意見を形成していく習慣があれば、原稿用紙の2、3枚書くことは、どうということもないものなのです。それをしてないと、題を前にして初めて考えていくようになってしまうのです。

作文研の子と外来者との決定的な相違はそこにあります。

個性だの、やわらかい頭だのと言っている教育機関も、決まって定式論を軸に進めていって、定式解答を求めていくから、これでは本当の意味での柔軟な思考や発想には行き着きにくくなります。

もっと生きることや人間の基本の問題について考えていくときに、はじめて思索の視野は拡大していくものですし、そういう領域での学習と会話が乏しいということに、本当の問題はあるのです。

「怒り」のような感情をテーマにした場合にも、自分の思いや考えを展開しにくくなる現実があるというのなら、あえて感情の吐露や檄白を引き出すような課題を出し続けていく必要があるのではないでしょうか。

作文がスラスラ書ける8大テクニック

テクニック7
「すいこう」のコツ10ポイント

作文を書き終わったら、必ず「すいこう」しましょう。「すいこう」というのは、作文ができあがったら、「これで、いいかな?」と、チェックしてみることです。チェックするところは、おもに10ポイントあります。

「すいこう」のコツ10ポイント

1 書いた内容にまちがいはないか?

まちがったことを書いていないか、なんどもチェックすること。事実がまちがっていると、書いた人も信用されなくなる。人の名前や物の名前、年号、場所、数字などは、とくにきびしくチェック。

2 作文の題名と内容は合っているか?

作文の題が決まったら、その題に合うような内容の文を書くこと。自由作文では、題と書いた内容とがくい違っていたら、最後に題をかえてもいい。

3 説明不足やチグハグなところはないか?

最初に書いてある意見と、途中や、最後に書いてある意見とが、チグハグになっていないかをチェック。何を言いたくて作文を書いたのか、一本筋を通すこと。

4 改行したり、段落の順序を入れかえたほうがいいか?

「段落=文のひとまとまり」で行が変えてあるかをチェック。また、その順序もチェック。段落は、読みやすい長さで行を変えよう。内容がガラッと変わるところでは、行を変えたほうがいい。

5 文体は統一してあるか?

「です・ます」で書かれた文と、「である・だ」で書かれた文をまぜないこと。一つの作文の中では、同じ文体を使おう。

6 「て・に・を・は」の使い方はだいじょうぶか？

言葉どうしの結びつきを正しくする役割をするのが、「て・に・を・は」。ほかに、「が」「の」「と」などもある。使い方をまちがうと、なにを言っているのかわからなくなったり、反対の意味になることもある。

7 あやまった言葉の使い方はないか？

正しい日本語が使われているかチェックすること。特に、敬語はむずかしいから注意しよう。ふだんから、言葉がどのように使われているか、おぼえておこう。

8 漢字、送りがな、かなづかいは正しく書けているか？

漢字が正しく書かれているかチェック。作文の内容がよくても、誤字があると読む人はがっかりする。送りがなや、かなづかいも、きびしくチェック。書いたすぐあとより時間がたってから見直すと、誤りを発見しやすい。

9 テンとマルの使い方はだいじょうぶか？

テンとマルが、正しく打たれているかどうかをチェック。まちがって打つと文が読みにくくなるし、意味がちがってくることもある。

文の終わりに打つのがマル（句点）。文の区切りに打つのがテン（読点）で、読むときに、ひと息つきたいと思う場所や、意味の区切れ目に打つ。

10　原稿用紙の使い方はまちがっていないか？

・作文の題は、３マスくらいあけて書く。
・自分の名前は題のつぎの行の下の方に（下を１マスあけて）書く。
・１マスに１字ずつ書くこと。（テンやマルも）
・書き出しは、１マスあける。
・改行するときも、１マスあける。
・行の最初にテンやマルなどがくるときは、前の行の終わりに書く。
・字はできるだけきれいに書こう。

★大切なのは、「読む人」の立場になってすいこうすることです。「読む人」にうまく伝わらないと、せっかく書いた作文がだいなしになってしまいます。

すいこう3原則

①読み手の立場で読み返す
ほかの人が読んだとき、どう受け止めるか考えてみる。

②時間がたってから読み直す
しばらくたって冷静な目で見ると間違いもわかる。

③正しい「すいこう」をする
次のページの「すいこうチェックシート」を使ってやってみよう。

実践問題 7

作文を書いたら、左のチェックシートでチェックして、必ず「すいこう」する習慣をつけましょう。まず、手始めに、実践問題6で書いた作文をチェックしてみましょう。

すいこうチェックシート

1 文章の内容について

□ 書いた内容にまちがいはないか？
□ 読んだ人に、内容が正しく伝わるか？
□ 説明不足やチグハグなところはないか？
□ 言い足りないところはないか？
□ けずったほうがいいところはないか？

2 組み立てについて

□ 作文の題名と内容は合っているか？
□ 「はじめ」「なか」「おわり」の流れはスムーズか？
□ 改行したほうがいいところはないか？
□ 段落の順序を入れかえたほうがいいところはないか？

3　表現について

- □ 文体は統一してあるか？
- □ 「て・に・を・は」の使い方はだいじょうぶか？
- □ 主語と述語はちゃんと合っているか？
- □ あやまった言葉の使い方はないか？
- □ 言いかえたほうがいい言葉や文はないか？
- □ 文にリズムがあるか？
- □ 場面の描写はいきいきしているか？

4　文字や語句について

- □ 漢字は正しく書けているか？
- □ 送りがなはだいじょうぶか？
- □ かなづかいは正しく書けているか？
- □ 漢字にしたほうがいい字はないか？
- □ ひらがなやカタカナにしたほうがいい言葉はないか？
- □ テンとマルの使い方はだいじょうぶか？
- □ 原稿用紙の使い方はまちがっていないか？

客観的な視点で見直し、「すいこう」をしてはじめて作文が完成します。

3題目を書いてみよう

3題目のチェックポイント

①30秒間だけ構想を考える時間を設ける。
②鉛筆をもっと速く動かすように。
③頭を柔らかくしてイメージを広げていく。
④「夏休みに何を休んでいるのだろう」という根源的な問いかけをする。
⑤最後の回は時間を延長し、納得がいくまで書かせてもいい。

もっとも簡単で書きやすいテーマを選ぶ

私は「夏休み」を提示しました。

このゼミは7月の特別集中講義に行ったので、まだ夏休みが始まって間もない時期でした。

そこで書きやすく、広がりを持つテーマとして、また固有性が出しやすいテーマとして、「夏休み」を課題としました。

おわかりと思いますが、3題目はもっとも簡単で書きやすいものを選んでいます。

そして、今まで規定枚数に達していなかった子どもたちも「これはラスト！」と言えば、手をぶらぶらさせる運動をしながら、もうその気になっています。

顔は上気しているし、今まで2作品は書いているし。

私はそれぞれの子に、なんのかんのと言って励ましメッセージをおくり、期待感も示していますから、気分は盛り上がっています。

「よーし、一気にやるか」と声を張り上げます。

もちろん始まる前に、前作について気がついたところなどは話しています。「な・た・も・だの展開の言葉使ってる？」というふうに。

無論、乱暴な字の子にも注意はします。読めないものは、やはりだめです。読ませなくてはなりません。正しく書けとかきれいに書けとはあえて言いません。「自分の味のする字」を、と私は言います。そうすると、子どもたちは字に関心が向くようになります。字もまた表現です。正しくさえあればいいという発想は、美意識を損なってしまいます。

時間を延長して完成させる

3回目は意識的に時間を延ばしてみます。

もちろん、初めに「10分だよ」と言います。しかし、彼らは真剣にやっていますし、書く速度が速くなっています。2枚から3枚にいく子も必ず出てきます。完成させたい意欲を損なわないように、少し時間を延ばしてみるわけです。ストップの後も終わる子は終わらせ、仕上げたい子にはもう少し時間をあげる。そして完成に持っていきます。

また、その間を利用して、前作や前前作を補って完成させることを指示します。全部できている子には、それらを1、2、3章とし、最後にまとめていく章の文を書け、と指示したりすることもあります。

この辺までくると、教室内の雰囲気は盛り上がっています。まったく書けないという子であっても、気がつけば3枚は書いているわけです。そして、確実に少しずつ文章量が伸びています。

こんなにふうにして、私のゼミでは、ときどき「10分作文」で刺激を与えています。

書き上がって親に見せるときの子どもたちの表情は、カラッとしています。「疲れたよー」などと言いながら、けっこう満足そうな、充足した顔を見せてくれます。

親たちもまた、作文は中身だということはわかっていながらも、それでも子どもが書けるようになるということに満足そうな顔を見せています。

5W1H1R作戦で内容もバッチリ！

「いつ・どこで・だれが・なにを・どういうわけで・どうしたか・どうなったか」は、作文を書くときの大切な要素です。この7つの要素をキチンと書けば、内容はバッチリです。
「5W1H」ともいうけれど、それに1R（どうなったか）をつけくわえればカンペキです。新聞記事も、みんなこの形でできています。新聞記者になったつもりで書いてみましょう。

いつ……When
どこで……Where
だれが……Who
なにを……What
どういうわけで……Why
どうしたか……How
どうなったか……Result

接続語のいろいろ

1 なぜなら（理由）でつなげる。
2 たとえば（例）でつなげる。
3 もしも・きっと・たぶん（仮定）でつなげる。
4 だから（理由による結果）を書く。
5 けっきょく、つまり（結論）を書く。
6 ところで（転換）で話題を変える。
7 でも・しかし（逆接）で反対の意味を書く。
8 おまけに（付け加え）でつなげる。
9 しかも・そのうえ（強調）くわしく書く。
10 とはいうものの（保留）でつなげる。

作文がスラスラ書ける8大テクニック

テクニック8

「取材ノート」を作って作文のネタを集める

作文のネタとは、テーマに合わせた内容や素材のことです。
作文の出来不出来は、書く前にどれだけのネタを集められるかにかかっています。
テーマが決まったら「取材ノート」を作って、まずネタ集めをしましょう。

ネタを集めてしぼり込む

取材したことや考えたこと、感じたこと、思いついたこと、なんでも「取材ノート」にメモを取ること。そして、そこから素材を2、3個にしぼり込むことが大切です。うまくしぼり込めれば、まとまった文が書けます。よくばってたくさん入れようとすると、全体の内容がバラバラになってしまいます。

「取材ノート」のとり方

・書きたいネタや、書いてもいいなと思ったネタをメモしよう。

・書き始め文はこうしようとか、ここでこんなことを書きたい、こういう感想で終わろう、というふうにポイントをおさえておくと、文章にまとめるときに書きやすい。

・この言葉は使える、この素材はいい、などと思いついたときに、ひとことの言葉でもいいから、すぐメモをする。

・できごと作文では、心に残ったシーンがあったら、その場面を書いて、どう感じたかもメモしておこう。

・観察文や見学文では、月日、曜日、時刻、気候、大きさや長さのデータなどを正確にメモし、発見したことや、要点をまとめる。

・資料や絵があったら貼っておこう。自分で絵にしてみるのもいいね。

実践問題 8

作文を書くまえに「取材ノート」をつくり、左のチェックシートで10のポイントをチェックして、要点をまとめておく習慣をつけましょう。

取材ネタ集めチェックシート

□ テーマにそったネタを集める。
□ 書きたいネタ、書いても良いネタ、重要なネタなどを色分けしてマーキングしておく。
□ 観察や見学した日時・天気・見た物の大きさや重さなどのデータを正確にメモする。
□ そのとき発見したこと、気づいたことをメモする。
□ 資料や絵や写真があったら、「取材ノート」に貼っておく。
□ 資料がないときは、自分でスケッチして記録しておく。
□ 心に残ったシーンはないか？
□ そのとき、どう感じたか？
□ この言葉は使えると思った言葉はないか。
□ 書き始めは、こんな事から入りたい。
□ ここでこんな事を書きたい。
□ こういう感想で終わりたい。

右の項目をチェックしてメモを取っておくと、文章をまとめるときに役立ちます。やってみてください。

第4章 親ができるアドバイス集

子どもの思考力や問題意識を深化させるテーマを選ぶ

私のゼミには、自然に編集者が訪れます。これは昔からです。子どもたちも慣れているし、普段の講義にそんな編集者が参加して、真剣にテーマについて考え込んでしまったなどということもよくあります。担当編集者の作文を指導したこともあります。

私たちにとっては当然の疑問なのに、外部から来る人たちにはギョっとすることも少なくないのです。

例えば、今回3題目に出した、次のテーマは、編集者にとって新鮮なものだったといいます。

「夏休みには何を休むんだろう」

これに対して、

「学校を休む」「小学生を休む」「一つの自分を休む」

そんな文を、子どもたちは書いてきます。

「では、休んで何をしているんだろう」と聞くと、

「塾」「夏季講習」「プール」「テレビ」「ゲーム」「寝てる」

しかし私は言います。

「それって、休んでないジャン」

この辺から思索は一気に深化していきます。

「休み」を楽しんだり、待ったりしているのに、おやおや、何を休むんだろう。そんな疑問をぽーんと投げかけます。

そうすると、子どもたちは困ります。でも、それでいいのです。

すぐにハイハイと答えていては、考える力を耕すことはできません。授業中に反射的にしか発言できない子たちが増えているのは困ったことです。言葉が浅い。

「休んでないよね」とか「自分を休むってのは死ぬことかな」とか「休みを作ったというのはなぜかな」というふうに、このあたりから、子どもたちの思索の飛躍は始まっていきます。

なかには、人生を考える子や、宇宙の運動をイメージしていく子がでてきます。人間観や宇宙観に発展していきます。じっと考え込んで頭をブルプルっと動かす子もいます。

こういうことを考えるというのは、実は怖いことです。私たちの当たり前の日常がまったく薄っぺらく、思いこみによってできていることを知ってしまうからです。

しかし、なぜ学校や家庭や塾で、こういうテーマを考えていかないのでしょう。従順な子を育成していくことが目的ですから、そこまでは知らなくていいこととし、考えさせ過ぎたり、本質を考えさせたりすることはしないのでしょう。しかし、こういう疑問を提起することからこそ、思考力が伸長していくのです。

子どもと語り合って作文のネタづくりをする

子どもたちをと語り合える「作文のネタ」を提供しましょう。

・一番多きな数、小さな数は?
・この世の中に何色の色があるだろう?
・一人だけ死なない生命があったら、どうするだろう?
・目的地に行くまで、人はどんな手段や道具を作っただろう?
・ゴミをなくそうといいながら、ゴミ箱があるのはどうしてだろう?
・義経はなぜチャンスがあったのに天下をとらなかったのだろう?
・仮面をはがすことはいけないのだろうか?
・クラスは何のためにあるの?
・お小遣いを貯めるのではなく、使うのではなく、増やしていくにはどうする?
・「好き嫌い」「できるできない」以外で、人を評価していく基準をあげてごらん?
・世の中に自分のものというのはどれだけあるか、なぜそれが自分のものか?
・今日学校帰りに死んだとして、後悔は残るだろうか?
・向かい風を追い風にする方法は?
・自分の中の心の地図を書こう
・自分の中に何人の自分がいるだろうか?
・さるは木から落ちた……なぜか
・竹から学ぶべきものがあるとすれば何か
・空気の流れ・風・息など、それぞれ色をつけたとしたら、どんな場面になるか?

親子で「考える」姿勢を持つこと

前述ようなテーマについて、私は30年のあいだ、毎日考えつづけ、毎日子どもたちと語り合い考え合ってきました。哲学書の出版社の社長は「哲学やってますね」とニコニコしていました。私はそう思ってやったわけではなく、考えていくということは必然的に、「人間としての基本問題」に行き着いていくのだと知りました。

こういう段階になっていくと、子どもたちはついて来れないだろうと思ったら大間違いです。かえって偏差値秀才君たちの大半は当初チンプンカンプンになります。勉強とはどういうものかということの固定的な認識を持って日々努力していますから、なかなかこの種の思索には入り込んでいけないのです。しかし、一端考えることに慣れると一気に全教科的な理解が進行していきます。

作文における考え方や、考えるべきテーマや、そこに向かう姿勢によって、それが可能になるのです。

知識がいくらあっても、作文はなかなか書けるものではありません。それを消化していなければなりません。何に向けて、何のために書いているかが明確にならなければなりません。「考えていく」ということがとにかく基軸です。これは子どもから大人までをみてきて言えることです。

考えていないのではないのですが、「考える」ということそのものがよくわかっていない人も少なくないのです。

決まった回答や、もっともらしさを根拠として持ってきて、つぎはぎだらけの作文や論文にしてしまう。それでお茶を濁してきたという経験は、けっこう大人たちは持っているものです。そのまま社会でもやってきたし、やってこられた。

自分の本音を書いたとしても、むしろ誤解されたりして、ごまかしていくことや仮面化していくことを学んでいき、生きるってのはそういうものだと悟った気になっている人たちもいます。そうした個人的体験をこれからの子どもに向けられると困ります。体験上のマイナス点を再検証していく中から、前向きの課題が生まれてくるものです。

世の中の本質や基本に向かっていくということは、そんな姿勢から生まれます。

こうした考える姿勢を、「10分作文」を通じて、家庭の中で親子や夫婦がもてるようになればいいなあと思います。そんな静かで知的な環境が、今なくなりかけています。

何を考えていくべきか

夏の特講で、私の今までの四半世紀の実践の総ざらいをしようと思いました。「一寸法師」「桃太郎」「長靴を履いた猫」「裸の王様」……これらを全部「一寸法師問題」というふうに名付けて徹底して、読解してみました。

これは、よく知られた物語を、これまでと違う視点で切り込んでいって、もっと深く思考していくというやり方です。

ちなみに、一寸法師問題とは……ひとつには「なぜ小さいという特有性を捨てて普通サイズになろうとしているのか」……これは個性と言いつつ、実はコンプレックスではないか。それを強調しないで克服して「普通」になろうとする営み、意識というところに向かいます。

ほかにも、打ち出の小槌を使ったあと一寸法師はどうしたのか、鬼は「こいつに打ち出の小槌を渡したらどうなるのか」と一寸法師を試しているんじゃないのか、「針とお椀と箸」の三つのものに象徴されるものは何か、もし自分の子どもが旅に出るとき親が三つのものを与えるとしたら何を与えるか、というふうに考えさせてみます

こういうことをせっせと考えてきたわけですが、それを一度全部確認して見ようということになりました。幸い、昔の教え子たちが助手やアシスタントになって来てくれるので、彼らから、不思議と10年以上も前のたった1回の講義が鮮烈な記憶になっているとか、それ以後の考え方を変えたり、広げたりしたとか、そんなことをよく耳にします。そうなのでしょうね。

そして整理したら、これがすごい。整理し切れません。そのときは『読解力のための基本問題』（愛育社）として一部を刊行しただけにとどめました。

最近は、教育的にも社会的にも、「何を考えていくべきか」の根幹が希薄だと感じます。そういう意味では「人として」「自分として」「この世界を知って生きるものとして」の基本問題をいつも踏まえていくことが必要だと思います。

これが思考力育成の中核になっていきます。

ダイナミックな思考は「動詞」から

常に私が語っている「思考の方法・技術論」を紹介しましょう。

場面を変化させていくこと、別なものと場面を関連づけていくこと、これができるのは、変化や動きをつかさどる「動詞」です。

動詞というのは形がどう変化していくのかとか、人間がどう動くかを表す言葉ですから、思考を広げていくポイントは「動詞」にあります。

「富士山」を例にとってみれば、見るとか登るだけでなく、「富士山が寝る」「富士山が怒る」「富士山が沈む」「富士山をひねりつぶす」「富士山を切りきざむ」「富士山を割る」「富士山をひっくり返す」「富士山にクリームをかぶせる」。

そのほかにも、笑う、泣く、切る、重ねる、くっつく、離れる、遊ぶなど、あるものをいろいろ変化させようとするときには、動詞を変えていくと、場面がいろいろ変わっていきます。

つまり、動詞の数だけものを変化させてみることができるわけです。

ある風景を、ある現象を、ある問題を、ある場面を、ある人間を、そうやって変化させて考えていくと、どんどん思考が広がっていくのです。

富士山がひっくりかえったり、つぶれたりとか、いろいろに変化していく。そういうふうに頭のなかで思い浮かべられる人間というのは想像力や思考力があるのです。

それが思い浮かべられれば、次々に文章が浮かんでくるでしょう。

連想ゲームで「素材力」をふくらませる

本文の中で、私は「素材」という言葉を何回か使っています。これは作文教育を継続してきて、ほんの10年ほど前に、はっと気がついたことです。

作文を見ていると、課題の周辺ばかりをうろうろして終わることが多くあるのです。

例えば「猫」なら、猫が、猫は、猫に、猫と……という具合に、猫ばかり登場してきます。

それがいつも主語で、たまに自分なども主語になる。

これは猫について詳しく書いているのかもしれませんが、実は退屈です。

猫から連想される「フード」「猫に鈴」「またたび」「世界を変えた猫」「トムとジェリー」「三味線」「夏目漱石」「鍋島騒動」「クレオパトラ」「DNA」「猫派人間」などからはじまって、あちこちから材料・エピソード・データが集められてよさそうなものだと思います。連想ゲームのように、親子で言い合ううちに、たくさん素材が出てきます。

材料がいっぱいあって、次々に思い浮べられていて、それを今度は取捨選択していくという作業の中に、もう作文の骨格や構成は出来上がっているようにも思えるのです。

歴史についてもそうでです。

「南北朝時代」なら、後醍醐天皇・新田義貞・楠木正成・足利尊氏・兄弟離反・理想・武力・裏切り・自己保全——そんな素材が出てきます。一つの時代の断面を切ってみても材料がたくさんあります。当時の町民・農民の暮らし・決まり・鍋・火の付け方・金・葬式・医者。知っているものは何でも素材です。

それを活かすも殺すも自分の力量次第です。

科学の論文においても、一つの発見などの検証のためには、それまでに経過してきた要素、つまりは素材としてひとつひとつを吟味し、立証していかなくてはなりません。

そういう意味での素材です。

「素材力」というものを案外軽視してきたかなという思いが、私の中にありました。

今回のように「10分作文」ということになると、これはあるいは「素材力の勝負」ということにもなります。

アザラシの「タマちゃん」を課題で出したときのことです。

「ボラちゃん」「癒し」「ストレス」「心の病」「孤独」「はぐれもの」「もしもワニなら」といった

素材を連想して書いた子は、原稿用紙3枚でも収まり切れませんでした。

素材としての着想を考えていけば、こういう素材の連鎖によってどんな文章に仕上がるかは、本人も、私たちもなんとなくわかってしまいます。

素材の選択や連想が、実は作文研のゼミに弾力や厚みや広がりを与えます。それが乏しいと、偏狭で平面的なものになります。

一つの論旨を一貫させていくということも書き方としてあれば、いろんな素材を盛り込んできて、一つのイメージの世界を描いてみせることも書き方としてあるのだということです。

そうした書き方が、案外現代の子どもたちには取りかかりやすく、広がりやすいものとしてあるということを指摘しておきたいと思います。

「10文作文」での、素材力の活用テクニックとしては、書き出す前の30秒間に、原稿用紙の欄外にでもざっと素材をメモしておくのがいいでしょう。

私たちは過剰な情報の中にいますが、それを針と糸でチョンチョンとつないでいくことをなかなかしません。気がつけば、縦割り、専門割りの箱の中にいて、決められた引出しを開けないとそれに関連したものが入っていないような感覚になっているのではないでしょうか。

実は、そのとき浮んだ考え、浮かんだ場面の間には、なんらかの関連があると思っていた方がいいと思います。でないと情報を道具として素材として使っていくことはできなくなります。

10文作文展開法のいろいろ

「作文は何を書いても自由です」と言いつつ、しかし放っておけばいいというものでもありません。どうしても書けない、書くことを毛嫌いする子には、次のような作戦がおすすめです。

●もしも作戦

全文を「もしも」でやってしまう。

例えば「ごはん」という題だとします。

・もしも、ごはんが固かったら……
・もしも、ごはんがやわらかだったら……
・もしも、四角だったら……
・もしも、一粒がボクの体より大きかったら……
・もしも、一粒ずつみんな色が違っていたら……
・もしも、ごはんがなかったら……
・もしも、ごはんを買うお金がなかったら……

こんなふうにとことん徹していくということもあっていいでしょう。子どもが着想を思いつきそうもなかったり、平凡だと思ったら、親からのアドバイスはあってもいいです。一緒に考えていくのも楽しいでしょう。もっとも親子そろってもなかなか斬新な発想にならなかったら、あちこちの友だちを巻き込んで行くというのも面白いでしょう。知的な会話が広がります。

●ウソ作戦

事実を書く必要はなく、ウソのことを書く。

「これはウソでーす」という作文です。

・**「先生、今日以後ボクと仲よくした方がいいと思う。なんとボクは宝くじで3億円があたってしまった。これはないしょだよ……。」**

こんなふうに、「ウソを書きなさい」と親が言うのも妙なものですが、あくまでもフィクションです。しかしこれはけっこう子どもたちを楽にさせます。

●めちゃ作文作戦

これは定評があります。

頭に浮んだものを、どんどん変化させて書いていきます。

・**「リンゴから耳がでてきた。その耳がどんどん大きくなった。ピアスをする穴をキツツキに開けさせた。土星になった。くるくる回って回ってアイスクリームみたいに溶けはじめた。大っきらいの山田がそれをなめた……。」**

これが「めちゃ作文」です。

ただ、この作文の時には、子どもたちはきまって「……して、……して、……で、して」というふうに、文を切らないで展開しようとします。必ず1文1文切らせてください。そして改行もさせてください。また、色や形や匂いやという五感言葉の活用も。これは案外「想」の領域を開拓していきます。五感については、次に語ります。

●五感作戦

五感をフル活用する方法です。

これは、私が30年近く前から提唱してきたことなので、すでに知っていらっしゃる方も多いと思います。

目で見ているのは色と形、耳で音、鼻で匂い、舌で味、皮膚では寒暖や感触。そういう五つの感覚で、私たちはこの世界を感じ取っています。しかし。作文にはなかなかそれが書かれていきません。

「山に行きました。楽しかったです」と、こうなってしまいます。

そこには、遠くの山の色や形、木や葉の色や匂いがあり、木々の手触りがあり、風の肌ざわりがあり、大きく吸いこんだときの咽の感触があり、歯にしみるものがあり、草を踏んだ後の色の変化があるはずです。つまり五感だけでも作文は書いていけるのです。

ある場面があり、そこでの感触がある。それだけで2、3枚は充分書き続けていくことができます。これには、ふだんから会話などで感覚を錬磨していくことが求められます。意識して五感の言葉を使うように子どもにしむけていくことです。

感覚性の言語はそういうところから増えていきます。（50ページ参照）

●素材盛り込み作戦

これは、前述したことと重複しますが、「題」や書こうとするテーマに関連しているものをみんな詰め込んでしまう方法です。

「桃」に関連したものを探すと、「桃太郎」「洗濯」「鬼」「団子」「峠」「勇気」「死を覚悟」「ヒーロー」「平和」などというように、連想や思い付きでもいいのです。こうやって並べていくとストーリーができていく感じがします。

これもやり方として知っておいていいでしょう。

●お手紙作戦

本当は、この種のものは提起したくないのですが、なかにはその方が書きやすいということも、初めのうちはあるでしょう。

ママやパパや、あるいはとっちゃまん先生（宮川先生のニックネーム）、想像上の人物、あるいは神様や仏様、ドラえもんでもいいのです。

ひとりの対象に向かって手紙を書く要領で書きます。昔流行った「あのね」もいいでしょう。くずれた文体での表現も、一つの手法として持っていてもいいでしょう。

いろんな風に書き分けられるということも表現の学習です。

●「だったらいいな」作戦

これは、もしも○○だったら、どうなるか考えて書いていく方法です。これならいくつでも考えつけるので、楽しく書いていけるでしょう。

「ぼくが総理大臣だったらなあ」

「江戸時代に生まれればよかったなあ」

「お父さんが歯医者だったらよかったのに」

●「バカヤロー」作戦

毎日、腹の立つことが多い。そこで、「バカヤロー」をテーマに書いてみる方法です。

バカヤローの対象は、人でもいいし、物でもいい。時間や空気でもいいのです。「作文のバカヤロー」「太陽のバカヤロー」とか。

子どもは「先生、バカヤローなんて書いていいの？」と聞いてきます。

「いいんだよ」というと、肩の力が抜けてどんどん書いてきます。良いことだけを書かなければならないという思いこみが取り払われるのです。しかもそこには、批判表現の初歩もあります。

●「悪口作文」作戦

これは、「バカヤロー」作戦と同じ系統で、「くやしい」「許せない」という強い気持ちをタイトルに持ってくると、どんどん書いていけます。人の悪口には、みんな意外なほど乗ってきます。あくまでもトレーニングとして書くのですが。

「弱いものいじめをするひきょうなやつだ」

「すぐ先生に言いつけるから、いやだ」

「自分の自慢ばかりしているからきらいだ」

子どもたちの感情の部分を引っ張り出すことによって、自分の感情を子ども自身がとらえ直すことができるのです。もちろん、悪口自体に目的がないことは子どもたちもわかっています。

●場面切り取り作戦

写真を撮るときにファインダーをのぞくように、手で四角を作って何かを見る作戦です。四角に切り取られた場面を見て、心に残ったことを書いていきます。カメラみたいに動かしながら次々に場面を切り替えていくのもいいでしょう。写真や映画と同じ方法で、場面を描写してみましょう。

●お話作戦

いわばストーリーを作る方法です。

つまり、「題を」めぐって小説を書いたりします。

案外こういう方がやりやすいという子はいます。しかし、それが長続きすることは多くありません。お話作りは、構想や構成などの力量をもたらしますが、筋が展開していくということに関心が向いて、大半の子はなかなか場面描写や表現の厚みには行き着かないようです。

作文に興味を持つとっかかりとして、一、二度は指示してみるのもいいかも知れません。

自分の作文方程式を持つ

これらの方法は、書けないときや書こうとしないときの一助としての紹介したものです。本来の目的は「自由に書く」ということです。しかし、そこにいくつかの自分なりの方程式がいずれ作られていきます。

その方程式を作っていく手助けとして、こういう題のときはあの方法で書いてみようとか、これは「もしも作戦」で、これは「もしも」と「素材」の合体で書いてみよう、というように組み合わせたり、開発したりしていくことができます。

だから、まったくの自由と言いたいけれど、それは自分で獲得し、開拓していくものとしてあるのです。つまり自分なりの方程式を持つということです。10も持っていれば困ることはありません。

これを参考にして、いくつも獲得しておいてください。やればやるほど力になります。

テーマを整理しておく

最後にテーマをいくつか提出しておきましょう。

・これまで提起したものは、
「雨」「怒ってるぞー」「くやしい」「憎い」「夏休み」「春」「風」「桜」「ごはん」「一寸法師」「義経」「猫」などですね。

そのほかに、
・野菜シリーズ
「かぼちゃ」「パセリ」「人参」「大根」「さつまいも」
・主食シリーズ
「パン」「ラーメン」「そば」「カレーライス」
・生き物シリーズ
「いぬ」「ハムスター」「象」「小鳥」「恐竜」「牛」
・歴史人物シリーズ
「聖徳太子」「卑弥呼」「慶喜」「信長」「ナポレオン」「シーザー」
・人物シリーズ
「パパ」「ママ」「おじいちゃん」「友人の山田」「大好きな彼女」「彼氏」「となりのご隠居」「スーパーのレジのおねえさん」
・何か語りかけそうな静物シリーズ
「柱時計」「鍋」「教卓」「ランチョンマット」「サッカーゴール」「ホームベース」
・何かドラマがありそうな場所シリーズ
「駅」「ショーウィンドー」「スケートリンク」「公衆電話ボックス」「電車」「車窓」

・思い出やドラマへのドアの感触がありそうな持ち物シリーズ

「ティシュ」「お守り」「ストラップ」「ボタン」「手袋」「携帯電話」「爪楊枝」

・物語の読解シリーズ

「桃太郎はなぜ鬼退治に行ったか」「はだかの王様が着ていたものは何か」「ウルトラマンに頼っている防衛軍はこれでいいのか」

・日常の中の言葉シリーズ

「ポンコリン」「おっとっと」「あらあら」「いやぁねえ」「ギョ」「ウソだろう」

・探検・体験取材シリーズ

「冷蔵庫探検」「パパの部屋」「わが家の御宝」「アルバムの中に」

・天体・宇宙シリーズ

「太陽」「新月」「星」

そのほか、海、山、行事に関連したテーマもいくらでもあり、切りがありません。心のなかに深く分け入って書くシリーズもあるでしょう。

それらを、大きくくくって整理しておく必要はあります。

バランスやメリハリはつけなくてはなりません。また得意不得意もあるでしょうし、このシリーズにはこういう書き方、といった「自分なりの書き方」ができていくこともあります。

私のゼミでも、題がないと書けないという子がいますが、題は与えられるものではなくて、いずれは自分で決めていくものです。

そういう意味で、「自由に書く」ということは、案外大変なものだと言えます。しかし**「題こそ作文の第一行」**です。それによって成否が決まることさえあります。

与えられた題であっても、それにサブタイトルをつけるようになったり、しかもそれがちょっと目を引くコピーであったりすれば、センスをほめてあげましょう。
題も作文のうちなのです。
先に述べたような「単語」だけでなく、ちょっと工夫がある題を考えてみてもいいかも知れません。

事前に構成を考える

10分作文は、短い時間で書き進める推進力です。それには、事前に構成を考えておくことが大事です。

これは、一行文に「↓」を使って次の文にいき、また「↓」使って次の文に行く、という構造を描いていくといいでしょう。それが大きく4、5段落もあれば充分です。

ということは凝縮した一行文が4、5本あれば、800字はなんとかなってしまいます。そういう大きな文のくくり、構成をはじめから頭に描いていくことです。

素材はそのへんにいつも転がっています。

別に原稿用紙に向かわなくても、頭のなかで4、5本の「↓」の構成ならなんとか描いていけます。

これは本当の頭の訓練になっていきます。

ある題のシリーズによって、こういうことを展開しようか、という工夫にもなります。

800字くらいだと、頭のなかの原稿用紙に文を埋めていくことができるでしょう。

頭で書きあげてしまう作文です。これは強力ですよ。

例えば、こんな感じで書いていきます

環境問題とは何か？

▼

事例をあげてみよう。例えば、オゾン層、空気汚染、海洋・河川の汚染。不法投棄。

自分の身近なもので目に入ったものを取り上げる

▼

何故そうなのかというと、これは人間の行為だ。

▼

人間の行為はどこから生まれるのか。

倫理性とか公共性とかの問題へ行く。

▼

ゴミをなくせばいいと言うのではなくて、ゴミを出そうとする人間の意識の問題。

だから、ゴミ問題の解決というのは、ゴミ箱をなくせばいいということではなくて、人間の意識の問題が大事なのではないか。

こういうふうに流れを作っていくわけです。骨格が構築できれば、これを具体的に肉付けして書いていけばいいのです。構成とは骨格作りです。

こういう矢印が頭の中にすみやかにできれば、「10分作文」の展開がスムーズに行きます。

第5章 作文で伸ばす国語力

「知識」を消化し「見識」に高める

「知識がなければ思考力もつかないし表現力もつかない」という人がいます。それも一理ありますが、いくら知識があっても消化できなければただの知識にすぎません。

私は、知識をいかに消化しアウトプットしていくかという回路を持っているかどうかが、作文力・表現力にとって重要なポイントだと思います。

知識をたくさん身体に身につけて雪だるまのように太っていくのではなく、知識を消化し血肉化することによって無駄なものをそぎ落としスリムになると、シェイプアップされた「これしかない自分」を見つけられるのです。私はこれを人格の形成でなく「人格の陶太」と呼んでいます。

そのためには、「見聞」を深め「体験」を豊富化し、それを消化して「見識」にまで高めていくことが必要です。

これが本当の「血肉化された教養」となるのです。

つまり見聞や体験を消化して、「世界を知る・人間を知る・自分を知る」方向へ深め、世界観・人間観・人生観に落とし込んでいくのが「見識を高める」ということです。

そして「見聞や体験」を具体化できるのは「言語表現」しかありません。

「消化回路」「表現回路」を定式化する

作文を書く場合、見聞・体験を消化する「消化回路」、そして、それをアウトプットする「表現回路」を自分なりに持っている人とそうでない人は大きく違います。

その回路を自分の中に持っていない人は、原稿用紙を前にして「ううん」となり、消しゴムで消して筆が進みません。

たとえ一つでも良いからこの回路を自分で作ることです。

そのためには、例えば10分なら10分という時間の制約を与えて、子どもたちにテーマを与え作文を書かすことが有効です。

子どもたち自身が、自分の持っている知識をこう繋げて、こう広げて、こういうふうに結論に持っていけばいいんだ、という一つの回路を定式化していけるようになることがとても大事なのです。

「10分作文」でも「5分作文」でもいいのです。

スピーチならば3分でもいいけれど、そういう制約の中で集中力を発揮することによって、知識がぐっと血肉化していきます。

見聞・体験が見識に高まっていくのです。短い時間を有効活用して、いかに10分で自分を表現できるか、ぜひやってみてください。

「種子言語」で深い思考を引き出す

子どもたちが最初にチャレンジするのは、日常会話レベルで書ける作文です。見聞と体験を生活語彙・基本語彙を使って書く作文です。

しかしこれをもう少し高いレベルに引き上げていき、知識や教養を盛り込んで自分ならではの自己を語る文章を書けるようになるには、生活語彙・基本語彙から上級語彙・高等語彙のレベルに向かわなければいけません。

そのためには、「価値観や思考を引き出す言葉」を使っていくことです。これを私は「種子言語」と読んでいます。種子言語を使うことによって、子どもの思考が深まり、作文がより深いものに変質していくのです。

私の生徒の1人は「価値観」という言葉を初めて聞いた瞬間から世間が違って見えてきたと言います。人生や人間や世界はこうやって見ればいいということがわかってきたと。

「価値観」のほかに「同化」「異化」「一体化」「表裏」など、ものの見方を形成するような言語と出会うことによって自分なりの回路ができ知識が消化できるようになります。

つまり種子言語は、思考回路・表現回路を広げ深めるための言語であり、さまざまな物事を捉えていくときの観点を作っていく言語です。世界認識・人間認識のための「観点言語」なのです。こうした言語を多く持つことによって、深い思考、豊かな表現が身についていくのです。

10分作文はゲーム世代にフィットした作文法

私は子どもの時、父にいわれて新聞のコラムを毎日書き写し続けました。これで全然違う世界が開けました。政治から経済から文学からあらゆる話題を毎日写していたのですから、何でも知っていたわけです。おかげで学校の勉強など馬鹿馬鹿しくて聞いていられませんでした。最初は知らない漢字もあるし、写し終わるまで30分もかかっていました。それを父から10分で写せと叱られて、８００字を10分で書き写すようになりました。父に時間を計られてやり続けていくうち、10分でできるようになったのです。おかげさまで、それから書くのが早くなりました。

物事を集中して短時間でやり、継続することは子どもの能力を飛躍的に引き上げます。

毎日10分間でいいですから、学校で作文を書かせることは重要です。もちろん読書もいいのですけれど。10分間で原稿用紙2枚を目指して、毎日やり続けること。それで子どもは明らかに違ってくるのです。

「10分作文」の意義は、一つの強制力を持つことが今の子にとってプラスだということ。昔とちがって今の子は、捻り鉢巻きをして頑張るぞというような、意志・意欲・目的達成力が減退しています。無理やり引っ張ってやることも必要です。

今の子どもたちは集中力を持続させるのが苦手で、散漫になってきています。一つの事をやりながらいろいろなことを考えてしまう。集中できるのは、せいぜい5分か10分が限界です。ですから、作文に集中させるためには、ゲーム世代を逆手にとった乗せ方も必要でしょう。

「鉛筆動かすの遅いよ」「1秒間に5文字だぜ」と、みんなで競争しながらやっていくと早く進みます。いかに集中して早く書くかというゲーム感覚になるのです。早く書けるようになると「ぼくもできた」と達成感が持てます。もちろん早く書くことだけが目的ではありませんが、彼らの意識状況を理解して、彼らにとって有効な表現教育を考えたとき、「10分作文」は有効な方法となります。

このように「10分作文」は、早く書くことによって集中力をアップさせ、問題意識を先鋭化させ、展開を鋭くさせる。つまり、作文に必要なさまざまな能力を一挙に集中的に発揮させることができるのです。それによって作文力の飛躍的向上を得ることが可能になります。と同時に、子どもたちの書くことへの抵抗感を払拭することができるのです。

作文を書くときに気をつけたいのは、消しゴムだけは絶対使ってはいけません。大学生や社会人の作文を見ても、消しゴムや修正液を使っている文章というのは、だいたいできがよくありません。

「まとめる」のではなく「広げる」

作文教育では「まとめろ」ではなく「広げろ」という言葉かけが重要です。話しが飛んでもかまわないくらいに問題意識を広げて書いていくことが肝腎です。これは定式を与えず、その子なりの表現回路・表現推進力で書くことを保証し保全するものです。自由に発想していいんだよという免罪符を与えていくことが、今の子どもたちには必要なのです。

そうやってだんだん抵抗無く書けるようになったとき、彼らは自分自身でさらに高い技術に気づいていきます。文の構成や技術的なことは、それからで良いのです。

その子がその子なりに語りたいことを十分語ることができるチャンスを与え、その環境を保全していくこと。これが表現力・思考力・言語能力を育成する際の、最も重要なポイントになります。

10分間で2、3枚書けるようになった子は、必ず長い文章も書けるようになります。さらに問題意識を深めていけば、彼らの中に書く必然性が生まれ、10枚でも20枚でもどんどん書けるようになります。

一度広げた胃が縮まらないように、一度広げた表現の空間や自信は縮まらないのです。

テーマ設定で子どもたちは変わる

「もしも織田信長の時代に写メールがあったら、桶狭間は成功したかなあ」

こんなふうに仮定法的な問いをすることで、歴史に現代的要素を持ち込むことができ、文化や社会の流れ、歴史の流れに思いを広げていくこともできます。

また、エアコン・自動販売機など現代では当たり前の文明の利器が過去の時代のこの局面にあったならどうなるか、というような仮説を立てるのも面白いでしょう。現代と対比させることによって、子どもたちのなかで歴史が書かれた過去ではなくなり、時間軸をたどって世界認識・人間認識として捉えられるようになるのではないでしょうか。

このように仮説と実験を面白おかしくやるのも一つの方法です。

発想を豊かにするテーマ設定

もう一つは、みんなが当然と思っていることを問い直す方法です。

例えば先に述べた「夏休みって何を休むの？」や「川は何を流すの？」という問いです。「土の中には何がある？」と子どもたちに聞くと、「ミミズ」「モグラ」などの答えが出るうちに、「歴史」と答えるものが出てきたりします。

このような、みんなが当然だと思っている生活語彙をテーマにする方法は、イメージをふくらませ場面をどんどん思い浮かべられるので、子どもの発想を豊かにするのに最適です。

こういう訓練を積み重ねていくと、作文というのは「自分の見聞とか知識とかを導入して考え表現することなのだ」ということを子ども自身が分かってきます。これが大事です。

例えば「時間ってなんだろう」をテーマにします。日本列島の東から西まで20数分の時差があるそうですが、「ピ、ピ、ポーンで全国一斉に時計を合わせるのはなぜ？」

こうした問いに始まって、イギリスのグリニッジ天文台が世界の標準時となっていること、ピーターパンやシンデレラも時間がテーマになっていること。そして「僕らは時間に縛られているよね」という話しに発展していきます。授業時間が始まってチャイムが鳴ってお昼になってと、全部時間で決められていること。また楽しい時間は早く過ぎ、たいくつな時間は長く感じる。そこから、「僕にとって長く感じる時間」「私にとって短く感じる時間」というテーマで作文を書かせることもできます。

このように、一つのテーマを深めていくと、あらゆる要素が絡み合って広がりをみせ、あらゆるジャンルの学習へと発展させていくことができます。

これこそが、**作文が総合的学習の核**であることの所以です。

規制の認識に疑問を持ち、問題意識を喚起する方法は、深い思考を耕すのに大変有効です。それだけに、指導者の力量が問われるところでもあります。

総合的学習を推進していく原動力は作文

学校での総合的学習の時間でも、作文の重要性が高まっています。

総合的学習で求められる自己表現力は、作文を通して培われるものだからです。

また、教科学習で蓄積された知識と総合的学習を結びつけて理解しアウトプットしていく、その完成形が作文なのです。

これまで培った読み書きの基礎的な力をベースに、体験した事柄を、理解し、分析し、頭の中で再構築し、それを言葉に表現し、作文にする。まさに、総合的な学力がそこに凝縮されています。そういう意味で、文章で表現すること＝作文は国語力の全てを集めた総合的学習だと言えるでしょう。

また、自ら文章で表現するようになると、表現した人の立場に立って他の人の文章を読み解くことができるようになり、作文力とともに読解力もついてきます。

「10分作文」を毎日継続することで、作文力・表現力・読解力を身につけることが、今後ますます重要になってくるでしょう。

作文は数学力も伸ばす

東海大学教授の秋山仁先生のお話によると、数学オリンピックの出場者の多くが、小学校のときに日記をつけていたそうです。科学や数学の分野で膨大な業績を残したレオナルド・ダ・ヴィンチもスケッチの入った観察絵日記のようなものをつけていたことがわかっています。日記や作文は国語と単純に考えがちですが、文章を書くということは、論理的な発想も育てるのです。

言葉というのは、場面を置き換えたもので、数字も実は同じなのです。

数学は、それを思考として抽象化していったもの、原理化していったもの、法則化していったものです。そういうふうに見ていけば、作文と数学は兄弟関係にあるのです。

あるときゼミで、3＋3＝6を作文的にやってみようかということになりました。

林檎が3個あります。人間が3人います。両方合わせて何人といくつになるのか？

それなら、足していけばいい。

では、足すという言葉はどういう意味があるのか？　足すという言葉は、加える、重ねる、くっつける、あわせるとか、いろいろな意味があります。

3という言葉と3という言葉を重ねることができる、くっつけることができる、合わせることができる。そういう意味でプラスということがあるんだよと言ったら、算数が嫌いだと言っていた子どもたちが、ああそういうことなんだと納得しました。

つまり、いろいろな人間たちが考えている考え方の最小限のマニュアルが、実は算数なのです。何のために算数を勉強するかと言えば、考え方のマニュアルを身につけるためです。それをみんな、算数は算数というふうに考えてしまって、算数は得意だけれど作文は苦手なんだという。そういう考えが間違えだということを知ってもらいたい。

二つの根幹は一致しています。数字も言葉に入るのです。

「言葉で考える」それが本来の勉強です。

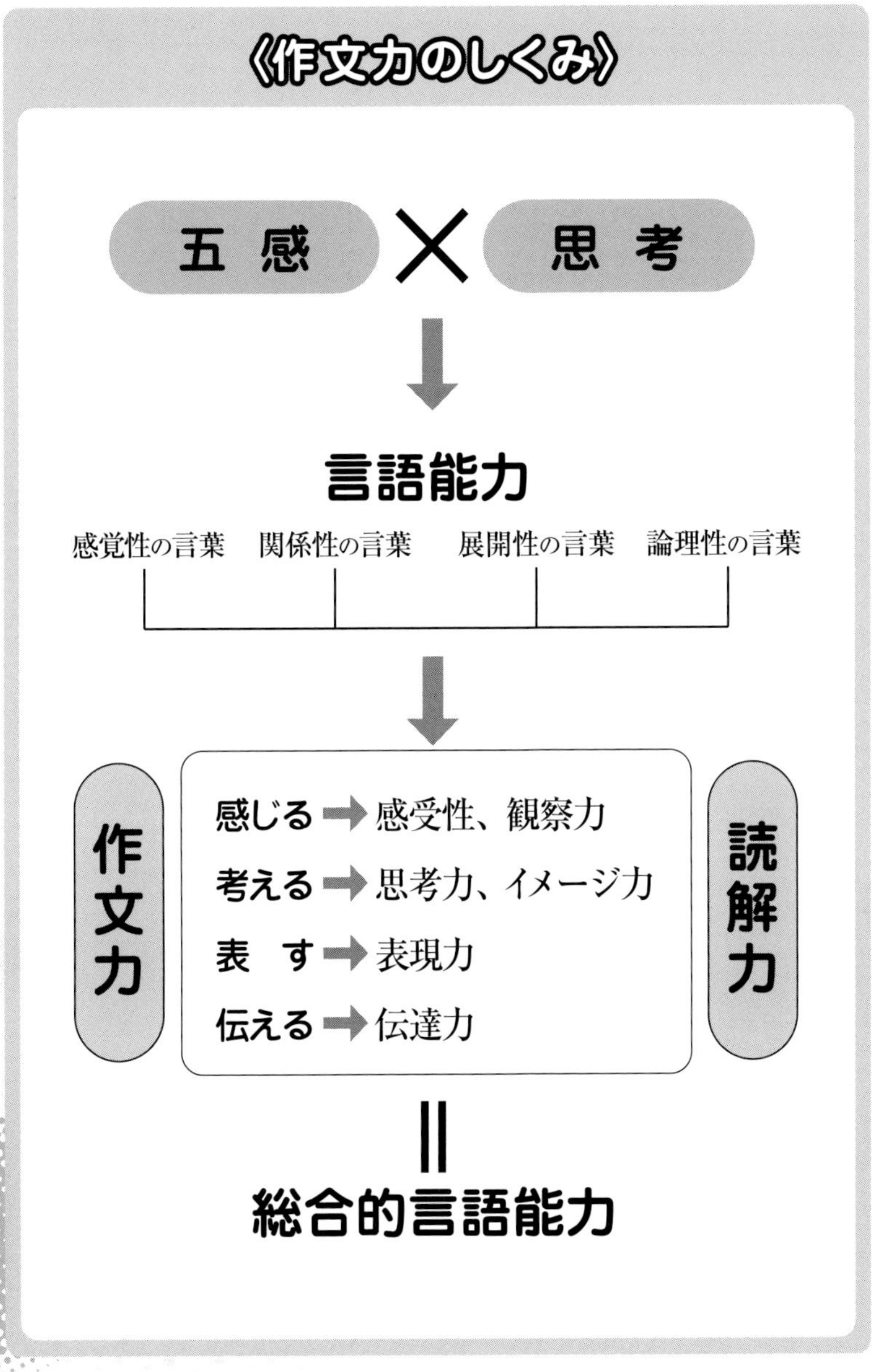

あとがき

10分にこだわっています。論文もまた10分でやることを推奨しています。早書きがいいというのではなく、それもマスターしてみようということに過ぎません。

私の今までの本のなかで、この本は異色でしょう。

一つの方法にこだわっているからです。

「自由に書く」ということの本来の性質を理解していくようになると、さまざまな方法の獲得が不可欠になっていきます。

「10分作文」はその一つです。

そのうちまた、ゼミでのさまざまな実験から生まれた手法をご提供していくことになるでしょう。

作文教室というのは、最近あちこちにできてきたようでうれしい限りです。

また必ず私の本はそういう人たちにも読まれているようで、広い裾野の開拓とこの表現教育の潮流は、確固たるものにしていかなくてはならないと思っています。

知識を消化しアウトプットする

知識注入教育は必要なことです。

詰め込み教育はいけないという批判がありました。確かに問題はありますが、私の現場ではちょっと違う考えがあります。詰め込んだところでそれは知識=言葉です。それを消化し、自己の表現とか認識としていくことで必ず定着していきます。

入れたものはアウトプットしなくてはなりません。そういう円滑な回路を開拓してこなかったのではないかと思うのです。

素材の項でお話したとおりに、知識や素材はより多く獲得した方が良いのです。ジャンルも関係ありません。体験も含めて、場面として、言葉として獲得したものは、組立て、組替えながら、表現とし、自己の見解としていくための材料・道具にしていくことができます。

知っている範疇《はんちゅう》で私たちは物を考えていきます。視点と視座が視野を決定します。そのなかで、知識は言葉に置き換えられて定着します。

詰め込んだら、それを表現として消化していく。その回路も表現力も、方法も場も保全して来なかったから、「弊害」が生まれるのです。

知識注入教育１００年の歴史の次は、それを保全しつつの表現教育的な展開が必要だと、私はもう20年前から提唱しています。

作文はあらゆる教科の基本

少しは教育的な政策としても理解されてきたようですが、まだまだ不十分です。まだ子どもたちは既成定式の表現回路と評価のなかでアップアップしています。

その日学んだことは、これは言葉として、あるいは文字として記号として残っていきます。それを駆使して作文を書くことができます。「十」も「一」も言葉。「逆上がり」「関ヶ原」「微分」「フォルテシモ」「南中高度」「溶解」「リストラ」……すべての教科の知識は言葉です。

それをなぜ、個々の教科の枠のなかでしか活かしていかないのでしょうか。もったいないと私は思います。

縦割り言語とはそういうことです。

それらを関連させ、意味を拡大したり使い方を工夫していく作業は、作文・表現の世界です。あらゆる教科や学習の基本であり、そして最終地点である。作文をそう考えてください。記述式テストの点をよくしようというためのものではないのです。

また読解と表現とは表裏一体の関係にあります。理解と表現と言い換えてもいいです。厳密には表現だけの突出はありません。理解の背景・土台があって表現が成立していきます。よって知識や思索の背景のない子たちには表現の伸長は望めません。

そこに日々の教科や体験の学習と表現の一貫性が生まれていきます。本来はもっとも中核に置かれなくてはならないのがこの表現教育なのです。

私は全教科の表現教育的再編成を試みてきているのです。

だから10分作文からはじめよ

教え子たちは大きくなっています。もう2世代目がゼミ生になっています。

5年10年と続けて通ってきますから、小学生から大学生くらいまで見続けていくことなります。仕事につき、結婚し、それでもまだつながっていきます。

面白いものです。学校の教師よりも深くつながっていくのでしょう。

さすがに書くことや思索については困らないといいます。社会人という言葉は好きではありませんが、一応、医者だの教師だのマスコミだの議員だのと、帰属する場と収入をそこで得ているかつての教え子たちは、私が言うのも変ですが、基軸がしっかりしています。

ただ東大に行くのではありません。かつての青雲の志ということともちょっと違います。問

あとがき

題意識を持って、この官庁に行って、この仕事をしていかないとこの国は危ない。だから行く。そういう志です。

よくある今の社会での安定とかステータスとかということは、低く見ています。生き方そのものを培ってきたということです。この社会のフレームを見通しているのですね。

社会を生きるか社会を作るかという議論もずいぶんとしてきました。このままではいけないという認識がなければ、人に目的意識は生まれません。

高級サラリーマンは手段であって、目的ではないということを知っていくようになります。だから、常に第一線です。他の同僚が目的を喪失しているようになっても元気です。

目的の質の違いから気力や生き方が生まれます。ストレスなどと言っていられない場に身を置く子が多くいます。

私は毎年500社にのぼる企業や自治体の昇格論文の分析をしていますが、確実に人と人格と、知識・技量と、表現はまともに評価されていく時代になっています。

多面観察の時代です。人はますます本格的な評価社会を生きようとしています。さて、何を持って自己を示していきますか。

本質は表現です。その一環として「10分作文」を始めましょうか。

2005年7月

宮川俊彦

●Profile

宮川 俊彦（みやがわ としひこ）

1954年長野県生まれ。教育評論家。国語作文教育研究所所長。作文・表現教育の第一人者として、大学の教授や政府関係の各委員を歴任。三十年におよび青少年の作文・表現教育活動を実践し、指導対象は百五十万人を越える。更には四百を超す大手企業自治体の構成員の論文・作文などの分析に赴き人材不況・教育不在の今日、人事政策支援など言語政策・国語政策を軸に積極的な教育顧問活動を推進。著書は『心が壊れる子どもたち』（角川書店）『作文がすらすら書けちゃう本』（小学館）『ダディ・ストレス』（ＮＴＴ出版）『表現力があなたを変える』（集英社）など１００冊を超える。2014年5月逝去。

●装丁／クラップス
●本文イラスト／沢田ユキオ・吉田健二
●本文デザイン・DTP／クラップス
●取材・編集協力／鈴木悦子
●制作／森川和勇
●販売／福原正人
●編集／四井 寧

家庭でできる10分作文

2005年９月１日　第1版第1刷発行
2019年８月６日　　　　第8刷発行

著　者　宮川俊彦
発行者　杉本 隆
発行所　株式会社　小学館
〒101-8001　東京都千代田区一ツ橋２－３－１
〈編集〉03（3230）5400
〈販売〉03（5281）3555
印刷所　三晃印刷株式会社
製本所　株式会社 難波製本